Hommes & océans

Use it again !

Sauf mention contraire, toutes les photographies
sont créditées © USE IT AGAIN

Carte : Murielle Dubois

Photographie de couverture : © Matt Ashwell/USE IT AGAIN

Prépresse et fabrication : Glénat Production

Couvent Sainte-Cécile – 37, rue Servan – 38000 Grenoble
contact@glenat.com
www.glenat.com

ISBN : 978-2-344-06800-7 / 001
Dépôt légal : mai 2025

Certifié PEFC

Papier de forêts
gérées durablement
et de sources
contrôlées

PEFC/14-38-00302 www.pefc-france.org

Romain Pilliard
En collaboration avec Éric Loizeau

—

Use it again !

Ensemble vers l'économie circulaire

Glénat

« On ne va jamais aussi loin
que lorsqu'on ne sait pas où l'on va. »

Christophe Colomb

Préambule

Pourquoi me suis-je intéressé à ce projet de livre alors que j'ai toujours été, lors de ma carrière de coureur au large, passionné par les avancées techniques qui permettaient à nos bateaux d'aller de plus en plus vite? Peut-être qu'en prenant de l'âge je considère d'un œil nouveau la nécessité de protéger notre planète et de garantir un meilleur avenir à nos enfants.

Depuis quelques années, je surveillais Romain Pilliard du coin de l'œil! Tout d'abord parce qu'il utilisait un multicoque tout à fait semblable à l'un de mes préférés, ce trimaran de 75 pieds (22,86 mètres) dessiné par le génial architecte anglais Nigel Irens, à bord duquel j'avais mis un terme à ma carrière de coureur des océans. Ensuite parce que son slogan – et par ailleurs le nom de son navire – «USE IT AGAIN» correspondait aux préceptes que j'essaye d'inculquer aux jeunes enfants lors de mes conférences sur l'environnement: réutiliser, réparer, ne pas gaspiller.

Dans un monde dominé par la surconsommation à tout va, les principes de l'économie circulaire doivent être promptement adoptés pour un avenir salutaire. C'est ce modèle nouveau de production et de consommation qui consiste simplement à réutiliser, réparer, rénover et, au pire, recycler les produits et matériaux existants le plus longtemps possible afin qu'ils conservent de la valeur. Le recyclage étant la dernière solution, puisque ce système qui incite à continuer à produire reste assez pervers. Cette méthode permet d'augmenter la durée des produits en leur accordant plusieurs cycles de vie, de réduire l'utilisation de matières premières susceptibles de se tarir à moyen terme et de limiter la production de ces déchets dont nous ne savons que faire.

Ainsi, l'histoire du bateau de Romain illustre de bout en bout ce nouveau mode de comportement indispensable qui devrait nous permettre à long terme d'envisager la survie de notre planète.

Il s'agit de faire évoluer nos comportements et le milieu de la course au large afin de continuer à pratiquer notre sport de la manière la plus responsable possible en diminuant les impacts négatifs qu'il a sur notre planète.

Éric Loizeau

Deux entrepreneurs audacieux et solidaires !

Je rencontre Aurélie et Romain à La Trinité-sur-Mer, ce délicieux port breton qui abrita les exploits d'Éric Tabarly et d'autres marins célèbres, où les bateaux de plaisance côtoient les « Formule 1 » des mers au gré des pontons surpeuplés et des mouillages éparpillés. Amarré à un quai austère en ciment gris, face au club nautique, jouxté à l'incontournable bar de *L'Étage*, se dandinant aux légers mouvements de la mer causés par le flot ou le jusant, sait-on, on peut admirer un fier coursier des océans, trimaran de la classe Ultim, propriété jadis de Dame Ellen MacArthur. Il appartient aujourd'hui à ces deux jeunes entrepreneurs ambitieux, mari et femme, engagés dans la lutte contre la surconsommation et pionniers activistes de l'économie circulaire. Leur bateau se nomme maintenant *USE IT AGAIN*. Tout un programme !

Romain et Aurélie ne se sont pas connus sur les bancs d'une quelconque école – cela aurait été possible –, mais durant l'été 1998, sur le parquet ciré et dans l'atmosphère enfumée de la légendaire boîte de nuit *Les Chandelles* à Carnac, lieu de perdition rituel de toute la gent maritime de la région morbihannaise ! Au départ, un flirt classique entre jeunes Parisiens en vacances au bord de la mer. Romain, parce qu'il adorait naviguer et sortait d'un Tour de France à la voile et autres régates, et Aurélie, plus passionnée de montagne et de ski, tout simplement parce qu'elle accompagnait ses parents.

À ce moment, Romain a tout juste vingt-trois ans. Parisien, fils de chirurgien, il a vécu une enfance sans souci, « au pied de la tour Eiffel », au sein d'une famille d'origine bretonne, assez proche de la voile puisque son père a été chef de base au château du Taureau et son grand-père, propriétaire d'un Sargue (sloop[1] de 6,75 m). Ainsi, il acquiert ses premiers rudiments de voile dès l'âge de 7 ans, en découvrant l'Optimist pendant ses vacances d'été à Carantec, au Club nautique de Carantec Henvic (CNCH). L'activité lui plaît, car elle lui donne un sentiment de liberté et d'autonomie. « J'étais tout seul maître à bord sans personne pour me donner des ordres! » Adolescent, il continue ses navigations estivales sans aucun penchant pour la compétition, alternant croisières avec des copains et ronds dans l'eau en baie de Morlaix en compagnie de son frère aîné à bord du Kelt 5,50 « Bécassine » récemment acquis par son père. À part ça, il faut bien travailler. Il avoue lui-même qu'il n'a pas un goût immodéré pour les études. Néanmoins, il passe son bac et intègre pour cinq années la filière commerciale de l'ESSEC qui lui permet d'étoffer son bagage marketing et aussi de continuer son apprentissage maritime en participant plusieurs fois à la course de l'EDHEC. C'est d'ailleurs à cette occasion, en 1994, qu'il raconte avoir eu son premier contact avec le monde du *sponsoring* en dénichant un partenaire pour son bateau. Les années scolaires passent. Romain poursuit cette activité de loisir, qui devient une véritable passion, en naviguant comme équipier sur différents supports en Atlantique et en Méditerranée. Il acquiert ses premiers rudiments de régate et

1. Sloop: voilier à un seul mât.

de navigation hauturière grâce à plusieurs stages aux Glénans, participe au Tour de France à la voile et intègre temporairement l'équipe du défi Yaka 1998 de l'America's Cup, avec Pierre Mas et Luc Gellusseau. En parallèle, il essaie sans succès de trouver un budget pour courir la Solitaire du Figaro 1999, course qui le fait rêver depuis quelques années et à laquelle il s'est juré de participer.

C'est alors qu'il rencontre Aurélie, dans cette fameuse discothèque de Carnac, la nuit du 15 août ! Mais parlons un peu d'elle. Par bien des côtés, elle est proche de Romain. Également parisienne, elle poursuit des études à la fac d'économie, puis à l'EM Lyon. En revanche, bien que son père, ingénieur de son état, soit mordu de voile après avoir passé de nombreuses années au Centre nautique des Glénans, en tant que chef de centre, et effectué un tour du monde à la voile, la navigation n'est pas sa première passion, même si elle navigue régulièrement en Bretagne. Elle préfère la montagne et le ski, sport dans lequel elle excelle depuis son enfance ; spécialiste des piquets de slalom, elle rêve plutôt d'engranger des points FIS et d'intégrer un club des sports quelque part dans une station des Alpes ! Heureusement pour la suite, elle passe ses vacances d'été en Bretagne, habite à Carnac et aime sortir !

Pendant qu'Aurélie achève ses études à Lyon, Romain intègre le monde de l'entreprise en entrant chez Bénéteau pour créer une start-up interne. Comme il l'avoue lui-même, il se sent plutôt à l'étroit et insatisfait dans son petit bureau parisien de l'avenue de la Grande Armée, car négocier des ventes de voiliers ne fait pas forcément naviguer et satisfaire ainsi sa passion devenue dévorante. Il en profite tout de même pour rechercher des partenaires afin de courir la Solitaire du Figaro. Au début de l'année 2000, ses efforts sont couronnés de succès lorsqu'il déniche un petit budget qui lui permet d'acheter un bateau et d'être au départ de l'épreuve. À cette occasion, il découvre avec bonheur et humilité les joies et les peines du solitaire, la régate au contact, la navigation pointilleuse en Manche, Atlantique et Méditerranée, la souffrance et la résilience, le manque de sommeil et l'épuisement, tout en intégrant le monde fermé des «figaristes». Il finira en queue de peloton, mais admettra avoir beaucoup appris et s'être pris au jeu, au point de se projeter dans une deuxième saison.

Fin 2001, après une seconde saison en Figaro et des navigations comme équipier avec Ellen MacArthur (tiens, tiens!) ou sur le monotype Corel 45 en Méditerranée, la question se pose du choix de vie et d'orientation. Aurélie vient de finir ses études, Romain ne se sent pas de continuer en Figaro; ils ont tous les deux envie de découvrir autre chose et de voyager. Cela tombe bien puisque la marque Louis Vuitton leur propose à chacun un poste dans son équipe d'organisation, à Auckland, à l'occasion de la 31e édition de l'America's Cup dont elle est partenaire. Celle qui verra les Suisses d'Alinghi rapporter pour la première fois en Europe la fameuse Aiguière d'argent.

Les voici partis pour une année en Nouvelle-Zélande, après s'être promptement mariés, pourquoi pas. En plus de découvrir un pays magnifique et des gens merveilleux, cette période leur permet de se tremper dans l'ambiance d'une compétition d'envergure internationale, de faire de nombreuses rencontres et d'enrichir ainsi leur carnet d'adresses. Le retour à Paris, à la suite de ces années inspirantes faites de voile et de voyages, est difficile. Notre capitale leur paraît soudain trop grande, trop polluée, trop bruyante et surtout trop éloignée de la mer et de la nature. Ils décident donc de «faire de l'ouest» et de s'installer en Bretagne dans la contrée de leurs premières amours!

Installation à La Trinité-sur-Mer

Utilisant les acquis de leurs études commerciales, leur expérience des partenariats et bien sûr un réseau conséquent, ils fondent, à la suite d'une mission mitigée de marketing sportif pour Romain, leur propre société de conseil et relations publiques, qu'ils baptisent « EOL », clin d'œil au vent qui gonfle les voiles et fait avancer les bateaux. Pour votre information, *eol* ou *heol* signifie aussi le soleil en breton ! Romain continue de naviguer comme équipier sur différents bateaux ; il participe ainsi au Bol d'or et surtout au Tour de l'île de Wight. Cette compétition tout à fait british, à l'origine de l'actuelle America's Cup, lui donnera, quelques années plus tard, l'idée d'organiser une course similaire dans leur jardin de la baie de Quiberon. Ils disposent en effet d'un plan d'eau magnifique, proche de Lorient, entouré de nombreux ports de plaisance, avec une île superbe située pratiquement à la même distance du continent que l'île anglaise. Le projet du Tour de Belle-Île était lancé, avec une première édition au mois de mai 2008 et un succès enthousiasmant puisque 124 voiliers viennent régater sur ce parcours inédit. La réussite de cette première s'explique par le concept novateur de l'événement : « Nous avions voulu que ce soit une course ouverte à tous les marins, professionnels et amateurs réunis, et à tout type de voiliers, monocoques ou multicoques, sur le même parcours », explique Aurélie. « On tenait aussi à un événement très joyeux et qualitatif, accessible à tous, avec une partie terrestre conséquente, souvent négligée sur les autres courses en France. » Les éditions suivantes voient cette réussite se confirmer, avec 290 bateaux en 2009 et 340 l'année d'après. « On dépassera même les 500 bateaux », ajoute Romain. Mais la routine s'installe avec les soucis inhérents à ce type de gros barnum et particulièrement à l'organisation d'une régate en mer ouverte à une multitude de bateaux différents, menés par des équipages de niveau inégal, problèmes de comité de course, de règlement fédéral, de sécurité, de club avec le cortège inévitable de jalousies et rancœurs mêlées. Une maladie bien française ! Qui plus est, la préparation et la réalisation de l'événement prennent beaucoup de temps à la petite équipe d'EOL, auquel il faut ajouter l'agrandissement de la famille Pilliard avec la naissance de deux garçons à deux ans d'intervalle.

Direction la Chine

Bref, le village de La Trinité-sur-Mer devient trop étroit pour la petite tribu, qui ressent une fois de plus l'envie de partir à l'aventure à l'autre bout du monde. Pendant quelques années, Romain s'est rendu régulièrement en Chine, intéressé par l'essor du marché du sport dans ce pays. Ce sont probablement ces voyages d'étude et l'attirance d'un pays lointain qui les ont décidés à choisir l'énigmatique Empire du Milieu comme destination. Vite fait, au début de l'année 2015, ils vendent leur petite maison trinitaine et s'embarquent avec leurs deux garçons vers cette contrée du bout du monde et la ville de Shanghai, choix osé qui scellera définitivement leur engagement pour la protection de la planète, la défense de l'environnement, la quête du «zéro déchet», l'économie circulaire et conduira enfin au projet USE IT AGAIN.

Cette nécessité de protéger l'environnement, Romain en avait pris conscience pour la première fois en 1997, à l'occasion de son stage de fin d'études commerciales effectué au sein de l'entreprise américaine Patagonia, célébrée pour son engagement écologique grâce à son iconique patron Yvon Chouinard.

Ce sentiment s'accentua en 2000 avec le naufrage du pétrolier *Erika* et la marée noire associée qui infecta durablement le terrain d'entraînement des «figaristes» dont il faisait partie. Avec Aurélie, par la suite, ils ont apporté une touche responsable à leur événement du Tour de Belle-Île en gérant au mieux leurs déchets et en organisant des interventions publiques sur le sujet de la protection des océans avec, notamment, les associations Bloom et Tara Océans. Mais le véritable tournant s'est inscrit lors de leur voyage en Chine.

En effet, la Chine moderne a adopté le modèle américain d'économie totalement linéaire, en passant à l'ère du fast-food et du Coca-Cola, puisant sans vergogne dans ses ressources naturelles, produisant, souvent pour le compte de notre société occidentale, des tonnes de matières plastiques et, par là même, des montagnes de déchets, brûlant du charbon, polluant inconsidérément l'air et les océans, un parangon de gaspillage et de dédain de l'environnement. «À Shanghai à l'époque, s'étonne Aurélie, c'est un miracle lorsqu'on aperçoit un coin de ciel bleu au milieu des nuages jaunes de pollution! La première chose que l'on fait le matin en se levant est de vérifier sur une application l'indice de pollution de l'air que l'on respire. Dans les appartements et les bureaux, on vit les fenêtres fermées, environnés de purificateurs!» Quant à la mer de Chine qui baigne les rivages de la ville, elle est d'une belle couleur chocolat qui enlève toute envie de se tremper dedans! «On s'est quand même pris la pollution en pleinc gueule, renchérit Romain, et c'est la raison pour laquelle on ne se voyait pas vivre trop longtemps là-bas!»

Un bateau pour l'économie circulaire

Malgré ces inconvénients climatiques, ils passent une superbe année, s'intégrant facilement à la population locale et à la nombreuse communauté d'« expats » français. Ils exécutent différentes missions pour des sociétés françaises installées localement, imaginent des compétitions à la voile, comme un record inédit entre la France et la Chine, ou même une Louis Vuitton Cup pour les challengers de la Coupe. Mais, surtout, Romain rencontre, lors d'un voyage à Hong Kong, le propriétaire de l'ancien trimaran d'Ellen MacArthur, sur lequel elle avait accompli brillamment son tour du monde en solitaire pendant l'hiver 2005. Ce magnifique plan Nigel Irens de 75 pieds (23 mètres) est l'évolution intelligente du trimaran vainqueur de la Route du Rhum 1986 aux mains de Philippe Poupon. Son propriétaire actuel explique à Romain que ce bateau mythique, construit avec soin en Australie dans l'optique du tour du monde en solitaire, se trouve alors piteusement à l'abandon sur un quai en Bretagne, après de multiples et tristes péripéties dues à certains utilisateurs indélicats.

Pour Romain : « Acquérir ce bateau et le remettre en état de naviguer représentait une opportunité exceptionnelle de mettre en valeur un autre mode de consommation et une autre économie que celle du consommable et du jetable. Il sera un véritable outil de démonstration d'économie circulaire et de sobriété. »

C'est en plus un clin d'œil à sa première propriétaire devenue Dame Ellen, qui prône à travers sa propre fondation les mérites et la nécessité d'adopter enfin une économie circulaire afin de construire un avenir durable pour l'humanité, par opposition à l'économie linéaire, système dans lequel notre économie s'est bâtie.

En effet, depuis les débuts de l'ère industrielle – milieu du XIXe siècle en France – jusqu'à nos jours, notre économie est basée sur ce modèle linéaire, c'est-à-dire que nous consommons les ressources naturelles comme si elles étaient inépuisables : extraire-fabriquer-consommer-jeter ! Nous consommons des ressources naturelles et une énergie considérable pour fabriquer des produits qui deviendront à terme des déchets. Ainsi, l'impact de l'économie linéaire qui part du principe que les ressources naturelles (minéraux, pétrole, charbon, air, eau, biomasse) sont inépuisables est redoutable pour l'environnement, tant du point de vue de la consommation des ressources et de l'énergie que de la production exponentielle de déchets dont nous ne savons que faire ! Et cela est source de nombreux problèmes qui obscurcissent notre avenir prochain. En effet, non seulement les ressources naturelles ne sont pas inépuisables, mais leur consommation ne cesse d'augmenter dans notre monde moderne qui est un paradigme de consommation massive : durant ces trente dernières années, l'extraction de nos ressources naturelles – qui induit un impact écologique important à cause de sa grande dépense d'énergie – a augmenté d'environ 65 %. En même temps, la croissance de la population, passée de 4 millions d'habitants voici dix mille ans à plus de 8 milliards aujourd'hui, conduit forcément à une augmentation de la demande. Et pour finir, ces ressources consommées par l'économie linéaire sont en grande partie transformées en déchets qui, pour la plupart insuffisamment collectés et difficilement recyclables, finissent incinérés, enfouis ou, pire, dispersés dans la nature et les océans, à moins qu'ils ne soient exportés en catimini vers les pays en développement, cela en contradiction totale avec la convention de Bâle concernant l'exportation des produits toxiques! Ajoutons à cela le scandale de l'obsolescence délibérée qui rend volontairement un produit inutilisable après une durée de vie programmée. De ce fait, le pic de production de nos ressources – eau, pétrole, gaz, charbon, uranium –, c'est-à-dire le moment où le volume de production décline, sera atteint certainement avant le milieu de notre siècle présent.

C'est cet état de fait inquiétant pour un avenir inexorablement menacé qui leur saute aux yeux pendant leur séjour en Chine et les pousse à réfléchir à la nécessité d'adopter une économie circulaire qui, contrairement à la première, s'appuie sur une réutilisation en boucle des matières et produits en évitant tout gaspillage. En réalité, c'est un modèle qui existe dans la nature depuis des milliards d'années. Très tôt nos ancêtres avaient adopté ces principes, réutilisant les déchets organiques pour l'agriculture, tannant le cuir, teignant les tissus ou réparant constamment leurs vêtements pour les transmettre de génération en génération. Les Chinois recyclaient les chiffons pour fabriquer du papier et, plus de mille ans av. J.-C., les hommes savaient recycler les métaux, respectant ce principe établi par Lavoisier: «Rien ne se perd, rien ne se crée, tout se transforme!»

En fait, c'est la révolution industrielle du milieu du XIXe siècle qui a conduit les populations, et en particulier celles des villes devenues de plus en plus tentaculaires, à abandonner les principes sains de l'économie circulaire pour adopter cette économie linéaire dont nous devons absolument nous séparer aujourd'hui. C'est d'ailleurs au siècle des Lumières qu'a été créé le matériau le plus néfaste pour l'océan: le plastique.

«Nous devrions arriver à cette "économie du cosmonaute" énoncée par le chercheur Kenneth E. Boulding, soit comparer la Terre à un vaisseau spatial isolé dans l'espace sans disponibilité illimitée de quoi que ce soit, avec l'obligation vitale de mettre en place un système cyclique écologique capable d'une reproduction continue de toutes formes matérielles », explique Romain.

C'est de cela que vont s'inspirer Aurélie et Romain dans leur aventure USE IT AGAIN après avoir racheté, avec le soutien de mécènes et d'investisseurs, le bateau d'Ellen MacArthur.

Le trimaran *USE IT AGAIN* et l'économie circulaire !

Dès la remise en état de leur voilier, fidèles à leurs convictions, Aurélie et Romain vont tenter de faire du trimaran *USE IT AGAIN* un modèle d'économie circulaire appliqué à la course au large, avec l'objectif avoué d'être au départ de la Route du Rhum 2018 aux côtés des autres multicoques de la classe Ultim. Ainsi, ils décident de rénover le bateau selon ces principes : Réduire, Réutiliser, Recycler. L'objectif est de limiter au maximum l'impact environnemental, d'éviter autant que possible d'acheter neuf mais réparer, choisir la seconde main, trouver des solutions de recyclage ou de nouvelles utilisations des matériaux trop usés… et surtout ne pas chercher à faire évoluer le bateau sous prétexte de viser la performance absolue

Mais revenons un peu en arrière. Au printemps 2016 à Hong Kong, lorsque Romain rencontre le propriétaire du trimaran d'Ellen qui lui propose de monter un projet avec ce bateau et éventuellement de le lui vendre, il sait tout de suite que c'est le voilier qu'il lui faut. Il connaît bien la navigatrice britannique pour avoir navigué avec elle sur le monocoque *Kingfisher*, travaillé ensuite, lors de ses années « Figaro », comme préparateur pour la Transat Jacques Vabre de son associé Mark Turner, et bien sûr suivi son périple autour du monde. Il est convaincu de la solidité et de la fiabilité de ce trimaran construit en 2004 par l'un des meilleurs chantiers navals australiens, avec à ce jour deux tours du monde à son actif. Mais il y a un problème : selon son propriétaire, le bateau est en mauvais état et à l'abandon sur un terre-plein du port de Brest.

« Ça n'a pas été facile ! » raconte Romain en m'accompagnant à bord de son bateau amarré au quai Loïc Caradec afin de me montrer les modifications effectuées après sa récupération à Brest. « Il a fallu d'abord convaincre des investisseurs pour l'achat d'un bateau certes mythique, mais pour l'heure dans un état lamentable. En fait, je l'ai retrouvé comme abandonné sur un quai, laissé tout en vrac depuis plusieurs années après sa dernière navigation, les voiles encore à poste, les écoutes et les bouts[1] dans le cockpit, pas du tout entretenu ! Désolant ! Bref, après avoir réalisé une expertise totale en compagnie de son architecte Benoit Cabaret (associé français de Nigel Irens) et, par sécurité, demandé une analyse ultrason des points sensibles, c'est-à-dire les jonctions des bras de liaison, son mât de 30 mètres et sa bôme[2] en carbone, nous trouvons un chantier capable de l'accueillir et nous le convoyons là-bas au moteur en espérant que ce dernier ne nous lâche pas en cours de route ! »

Une fois monté à bord, il poursuit : « Après avoir tiré le bateau au sec, nous avons dressé la liste des actions à mener pour le remettre en état de naviguer correctement, tout en gardant au maximum l'existant : refaire toutes les peintures extérieures et intérieures, le désosser entièrement, ce qui permettra de supprimer éventuellement des éléments inutiles et de tout vérifier minutieusement. Comme tu le verras, ce bateau est l'exemple de la durabilité et du réemploi maximisé ! En fait,

1. Bouts = cordages dans le langage maritime.
2. Bôme : espar horizontal sur lequel sont attachées les voiles.

sur le pont, si l'on part de l'avant à l'arrière, nous avons tout gardé et rénové, mis à part le gréement dormant[1] et les postes de barre. Pour le dormant, c'était facilement compréhensible : les haubans étaient en PBO, fibre synthétique très résistante à la rupture, mais d'une durée de vie limitée à deux ans au maximum. Il convenait donc de les remplacer, ce que nous avons fait, mais en trouvant une solution originale de recyclage auprès d'un industriel hollandais qui les utilise maintenant pour fabriquer des gants de cuisine protégeant des hautes températures ! Quant aux cordages, ils sont pratiquement tous d'origine, complétés parfois avec ceux trouvés dans le container de matériel laissé par les Anglais, une véritable caverne d'Ali Baba ! »

« En ce qui concerne les postes de barre, continue-t-il en me précédant dans le cockpit, Ellen avait installé deux barres franches en plein centre, privilégiant ainsi la navigation en solitaire. À l'origine, mon idée étant plutôt de naviguer en équipage pour des tentatives de record et aussi des opérations *corporate* auprès des entreprises, j'ai pris sur moi et un peu à l'encontre de mes convictions de les remplacer par deux postes de barre excentrés sur le bras de liaison arrière, comme ce qui se faisait sur les Mod 70 ou les Orma, avec l'obligation d'ajouter un peu de carbone et de résine pour fabriquer le siège ! C'était aussi dans l'idée de moderniser le bateau pour qu'il existe encore dans vingt ou trente ans ! Mais le prochain siège de barre, promis, je le fabriquerai en fibre de bambou ! » ajoute-t-il en souriant.

En continuant la visite, Romain m'explique leur souci permanent de changer le moins d'éléments possible en rénovant au maximum, les bases d'une économie circulaire. Ainsi, tous

1. Gréement dormant : l'ensemble des câbles qui soutiennent le mât.

les winches[1] Harken du bateau sont d'origine, mis à part l'un d'entre eux, mystérieusement disparu et remplacé par un de ceux du bateau de Bernard Stamm. Les concernant, il assure qu'avec un bon graissage et le changement de quelques roulements, ils fonctionnent parfaitement aujourd'hui après avoir parcouru presque quatre tours du monde! De même, les enrouleurs de voiles d'avant datent des premières navigations d'Ellen! «Bien sûr, avoue Romain, ils sont moins performants que ceux de maintenant, mais ils tournent et sont tout à fait suffisants pour mon utilisation, même s'ils rendent plus dures les manœuvres.» Il me montre ensuite les housses de protection des winches, les nombreux sacs à bouts et de stockage de voiles en m'expliquant qu'ils ne lui ont rien coûté, hormis les frais de confection, puisqu'il s'agit de chutes de tissus d'airbags, cadeau d'un industriel lyonnais, car tout était mis au rebut après des contrôles qualité défectueux! C'est un système vertueux de valorisation des déchets (*upcycling*), semblable à la récupération auprès d'Airbus Industrie du carbone déclassé et promis à l'enfouissement par le coureur Armel Tripon pour la construction de son nouvel IMOCA! Oui, il est possible de rester performant tout en se montrant écoresponsable!

À l'intérieur du bateau, presque rien n'a changé, mis à part une petite cabine isolée au niveau du puits de dérive avec sa propre couchette afin, me précise-t-il, d'améliorer le confort pour les longues navigations en double et permettre ainsi à l'équipier hors quart de se reposer tranquillement tout en se tenant éloigné des bruits de manœuvres provenant du cockpit. Pour rester fidèle aux principes de la réutilisation systématique et au système D, son cadre a été fabriqué à partir de morceaux

1. Winche: treuil à main qui sert à régler les voiles.

de vieux mâts de planche à voile cassés, puis réassemblés, et la toile toujours avec ce tissu d'airbag... Pour le reste, tout est comme au temps des navigations d'Ellen, avec sa cuisine minimaliste et même sa bannette et son matelas. On a simplement passé partout sur les cloisons une couche de peinture blanche, car le chantier australien avait laissé le carbone à nu pour gagner du poids ! Malgré son état précaire, le moteur a été conservé et reconditionné entièrement, même si Romain avoue que cela lui aurait coûté le même prix de le remplacer par un neuf ! « On a fait du neuf avec du vieux et ça a très bien fonctionné ! » Pour continuer avec la production d'électricité et afin de pouvoir être totalement autonome en énergie sans jamais utiliser son moteur thermique, il a récupéré une éolienne à poste à l'arrière du bateau, un des hydrogénérateurs Watt & Sea du *Maître Coq* de Yannick Bestaven, ainsi que six panneaux solaires Solbian reconditionnés par le fournisseur lui-même, qui sont fixés de chaque côté sur les trampolines. « L'objectif est de pousser les fournisseurs à utiliser tout leur stock et réparer ce qui est réparable pour une bonne utilisation. » Les deux dessalinisateurs ont également été achetés reconditionnés chez le fabricant.

J'admire aussi son système de ventilation, essentiel pour les lourdes périodes de chaleur intense du pot-au-noir, soit un simple tuyau de fort diamètre branché directement sur le puits de dérive et permettant, grâce aux mouvements du bateau, d'expédier de l'air frais dans la cabine ! Un système à la Moitessier ! Ensuite, me désignant les deux panneaux de survie circulaires en plexi, destinés à sortir du bateau à l'envers en cas de chavirage, il m'explique qu'ils fuyaient énormément, au point qu'il avait envisagé de les changer, jusqu'au jour où Erwan, son préparateur, s'est penché sur le problème, les a entièrement démontés, redressés et, pour finir, rendus totalement étanches, évitant tout changement superflu !

En revanche, concernant les 600 m² de voiles, éléments essentiels du bateau, il a fallu agir différemment, car le jeu existant, très fatigué, était inutilisable. Romain a beau avoir tenté de faire réparer la grand-voile, le manque d'entretien l'avait totalement gangrenée. En urgence, il a fallu en commander une neuve avant la Route du Rhum 2018. Pour remplacer les voiles usées, Aurélie et Romain ont mis au point un système efficace de *sourcing* qui nécessite une prospection minutieuse afin de trouver quelque part dans le monde des voiles réutilisables. Ainsi elles proviennent toutes, sauf la grand-voile, d'autres bateaux de course, mises au rebut par leurs équipes et promises à la déchetterie ou à l'enfouissement. Grâce à ce système, certaines ont parcouru plus d'un tour du monde dans leur seconde vie!

Souvent, comme le souligne Romain, il existe une telle gabegie dans certaines équipes fortunées que l'on arrive à trouver des voiles en excellent état, qui feront l'affaire au seul prix de quelques modifications! Bien évidemment, il y a toujours des adaptations à faire – renforcer la chute, supprimer des lattes, retailler la forme –, entraînant un budget qu'il faut rajouter aux frais de l'achat et du transport, car les voiles viennent souvent de l'étranger. Les voiles issues des bateaux de course français sont toujours très marquées aux logos et couleurs des anciens partenaires, ce qui nécessite des frais supplémentaires et conséquents de peinture. Selon Romain, la gestion des voiles est le meilleur exemple de ce que l'on peut arriver à faire en termes d'économie circulaire. Il m'explique qu'il gère son stock de voiles courantes en fonction de son programme de navigation et celles en fin d'utilisation également, afin d'allonger au maximum leur durée de vie. Plutôt que de les jeter à la poubelle, ou pire, à la mer (!), il cherche toujours des solutions pour les valoriser, «c'est toujours un déchet impossible à recycler de sauvé», résume-t-il. Trouver ces solutions prend évidemment du temps, de la recherche et de la réflexion, mais *in fine* devient très gratifiant. Ainsi, ils proposent leurs vieilles voiles à des entrepreneurs pour les transformer en articles de la vie courante : rideaux, sacs à main ou de transport, décors de théâtre, objets artistiques et décoratifs pour les intérieurs, ainsi de suite... Le déchet de l'un devient une ressource pour l'autre et cela permet d'arriver à une logique économique qui doit devenir une solution d'avenir. Il me raconte le deal passé avec Brice Berthier, le PDG de la voilerie morbihannaise All Purpose, à qui il a vendu des voiles usées pour un prix modique, afin qu'il conditionne le tissu pour une TPE locale qui allait les transformer en sacs. Mais à la condition qu'il lui donne les chiffres des bénéfices qu'il allait en tirer, aussi maigres soient-ils. Il m'explique : « On n'est plus dans le "tiens, j'en ai plus besoin, vas-y sers-toi", mais, "comme cela devient une ressource pour toi, il faut que tu l'achètes !" » C'est la base d'une vraie logique économique d'avenir !

Il me montre également tout ce qu'il a gardé : le J3[1] d'Ellen, une voile de gros temps d'origine qui ne sert pas beaucoup, ainsi que des sacs rapiécés de patchs de différentes couleurs. Quant au taud de grand-voile, il est issu d'un troc avec Maxime Sorel qui lui a proposé celui de son premier IMOCA. Il a suffi de le rallonger quelque peu et de l'élargir !

Il me raconte aussi les rapports singuliers qu'il entretient avec ses prestataires fournisseurs auxquels il demande systématiquement de regarder sur leurs étagères s'il ne traîne pas quelque part du matériel reconditionné qui pourrait lui convenir ! C'est comme cela qu'il a récupéré les deux paires de

1. J3 : petite voile d'avant. Du mot *jib*, qui veut dire foc en anglais.

panneaux solaires et le vieil hydrogénérateur rouge de Bestaven dont on parlait plus haut, ce dernier toujours en service à l'arrière du bateau après un tour du monde et deux transats! Cette démarche responsable les entraîne eux aussi à entrevoir une économie anti-gaspillage pour l'adopter par la suite. «En plus, quand ils connaissent l'histoire, ils sont ravis de participer à ce type de projet totalement original», ajoute-t-il en souriant.

Et il conclut: «La clé est dans l'allongement de la durée de vie de tous les objets et d'acheter le moins possible. Reculer ou éviter l'acte d'achat neuf est primordial. C'est la base de cette l'économie circulaire "Re-duce, Re-use" qu'il faudrait réussir à généraliser dans notre monde de la course et de la plaisance!»

De la Route du Rhum au tour du monde à l'envers

Tout s'accélère en Nouvelle-Zélande, où Aurélie et Romain se sont installés après la Chine et l'acquisition du bateau.

Au début du projet, Romain envisageait plutôt de naviguer en équipage sur ce bateau impressionnant, avec pour objectif le fameux projet d'une course ou d'un record entre Marseille et Shanghai, car il avait découvert que les deux villes étaient jumelées ! Qui le sait ? Une belle idée avec une opportunité intéressante pour Marseille qui avait l'aval des politiques, mais malheureusement pas celui de sponsors potentiels, si bien qu'après d'infructueuses recherches le projet fut mis de côté.

Le temps avance et il faut absolument trouver des partenaires financiers pour finir la rénovation de leur bateau et le faire naviguer. Nous sommes fin 2017 et la famille Pilliard s'est installée à Auckland en Nouvelle-Zélande, leur pays de cœur m'avouent-ils. Ils travaillent à distance et savent que se profile la mythique Route du Rhum un an plus tard, en novembre 2018. C'est LA course en solitaire pour décider des partenaires à embarquer. Aurélie, jamais à court d'idées, lance à Romain : « Tu le sens de faire la Route du Rhum sur le trimaran ? Ce serait extraordinaire de pouvoir aligner cet ancien trimaran, reconditionné selon les principes de l'économie circulaire, sur la même ligne de départ d'une course aussi mythique et populaire.

Une occasion unique de promouvoir l'économie circulaire et montrer au plus grand nombre que nous pouvons et devons changer nos modes de consommation.» Le genre de choses qu'il ne faut pas demander deux fois à Romain. Il y voit un challenge personnel extraordinaire, «l'aventure d'une vie», et il imagine aussitôt ce bateau de légende s'aligner aux côtés des autres Ultim, les trimarans les plus rapides au monde, avec les skippers qu'il a croisés depuis ses débuts en Figaro et autres navigations (Josse, Le Cléac'h, Joyon, Coville…).

C'est un projet d'une autre dimension pour Romain. Très humblement, il avoue avoir une courte expérience du solitaire et, malgré quelques courses en trimaran ORMA de l'époque, le défi est de taille. Avec le Vendée Globe, la Route du Rhum est une course majeure, mais difficile, car elle se déroule au début de l'hiver avec un franchissement compliqué du golfe de Gascogne et un long trajet embrouillé à travers l'Atlantique jusqu'aux Antilles. Les éditions précédentes ont toutes eu leur lot d'avaries spectaculaires, de chavirages et de disparitions tragiques. «Alors???» interroge Aurélie, le sourire aux lèvres! On est déjà fin 2017. La course part dans moins d'un an. Ils sont en Nouvelle-Zélande, aux antipodes de la France, coincés par leur travail, avec le bateau en rénovation dans un chantier qu'ils sont obligés de gérer à distance! Se pose également le problème du financement de la course, avec la nécessité urgente de trouver un ou plusieurs partenaires. Mais la Route du Rhum est un objectif lumineux très médiatisé qui offrira sûrement la possibilité d'exposer leur projet hors norme d'économie circulaire au grand public, et c'est l'objectif principal de USE IT AGAIN: sensibiliser le plus grand nombre pour faire changer les mentalités et comportements de consommation afin de protéger la planète. Finalement, Romain accepte! Alors «GO»!!!

Dans la foulée, ils bâtissent un dossier de recherche de partenariat pour cette course en réalisant qu'ils n'ont que quelques mois devant eux. Après une multitude de coups de téléphone et autant de coups d'épée dans l'eau, enfin, miracle ! au milieu du mois de juillet, un premier partenaire se dessine pour un tiers du budget. Dopés par ce premier succès, ils s'accrochent tout le reste de l'été, sacrifiant loisirs et vacances, pour enfin recevoir, le 13 août, le coup de fil salvateur de Matthieu Millet et Ludovic Saint-Aroman, le PDG et le directeur marketing de Remade, une start-up normande spécialisée dans le reconditionnement d'iPhone, qui acceptent de devenir le partenaire principal du bateau. Ils n'y connaissent rien à la voile et encore moins à la course au large, mais ils adorent le projet dans lequel ils voient une vraie crédibilité puisqu'il est un exemple de recyclage et de réutilisation.

Dès lors, c'est le branle-bas de combat ! Le bateau qui n'avait jamais navigué depuis son reconditionnement reçoit ses nouvelles couleurs, est réarmé et remis à l'eau le 31 août. Romain est motivé comme jamais par ce projet pour lequel il s'est entraîné dur physiquement, en attendant de pouvoir naviguer. Les planètes s'alignent, il est dans la bonne spirale. Il ne dispose alors que de 15 jours pour effectuer son parcours de qualification d'au moins 1200 milles et obtenir son bon de participation délivré par le comité de course. Il se souvient en souriant : « Je n'avais jamais navigué en solo sur un bateau de cette taille, c'était flippant ». Néanmoins, il n'a pas le choix et part avec la vieille grand-voile du bateau, car jusque-là il n'a pu récupérer que des voiles d'avant. Malheureusement, elle se déchire en la hissant au départ de son parcours de qualification. Une réparation de fortune est faite sur l'eau avec l'aide de son maître-voilier, un dimanche en fin de journée. Il repart et les petites avaries se succèdent, jusqu'à découvrir au retour au port une voie d'eau et 800 litres de carène liquide à l'intérieur de la coque centrale! La grand-voile ne pourra pas naviguer davantage. Il lui faut en commander une nouvelle, ce sera sa seule voile neuve. Il la répare avec difficulté, fait preuve de ténacité et achève toutefois son parcours dans les délais impartis. Les voici à deux mois du départ. Malgré les finances limitées, il faut commander une grand-voile neuve afin de continuer à naviguer et s'entraîner. En effet, comme en conviennent Aurélie et Romain, l'économie circulaire a parfois ses limites; c'est typiquement le cas de cette grand-voile. On peut s'interroger sur la raison pour laquelle ils ne l'ont pas remplacée par une voile d'occasion trouvée dans les containers d'une des équipes d'IMOCA ou d'Ultim... Première réponse d'Aurélie: «On n'avait vraiment pas le temps, compte tenu de l'urgence, des délais et surtout avec la nécessité de renaviguer rapidement!» Romain renchérit: «On aurait éventuellement réussi à trouver, mais le problème avec une grand-voile, contrairement aux voiles d'avant, c'est qu'elle est beaucoup plus compliquée à adapter à la configuration d'un gréement, à cause des hauteurs de prises de ris[1], des renforts qui vont avec et du positionnement des lattes. On ne peut vraiment pas bricoler, car la grand-voile reste le moteur important du voilier. En plus, que ce soit en double ou en solitaire, les interventions en mer sur une grand-voile sont toujours très difficiles!» «L'économie circulaire, ce n'est pas non plus faire n'importe quoi!» ajoute Aurélie. «La sécurité passe aussi par la fiabilité et on ne peut pas tout faire avec du matériel de récupération! On doit passer parfois par du neuf.» Assurément, ce n'est pas la même histoire entre devoir s'arrêter aux Açores pour changer sa grand-voile

1. Système permettant de réduire la surface d'une voile.

pendant une Route du Rhum et revenir à La Trinité pour une réparation à la suite d'une banale session d'entraînement !

Dans l'urgence de tout, Romain a la bonne idée de s'adjoindre les services de Roland Jourdain (Bilou) comme coach. Par ailleurs, ce dernier, marin d'expérience au palmarès remarquable, est à ce moment-là l'un des seuls coureurs convaincus de la nécessité d'une économie circulaire appliquée au monde de la course et de la plaisance. Une bonne raison pour s'intéresser au projet des fondateurs d'EOL. Les deux hommes vont collaborer jusqu'au départ, ils navigueront ensemble plusieurs jours et Bilou lui procurera même deux préparateurs qualifiés pour l'accompagner pendant toute cette période.

Se retrouver dans le bassin à flot de Saint-Malo aux côtés des autres Ultim, quelques jours avant le départ de la course, est déjà une grande victoire pour la petite famille Pilliard. Amarré bassin Vauban au quai Saint-Louis en compagnie des *Banque Populaire*, *Actual*, *Gitana*, *Macif*, *IDEC Sport* et *Sodebo*, le bateau *Remade – USE IT AGAIN* fait figure de « petit poucet » et s'affiche à contre-courant de ces grosses écuries appartenant à des milliardaires ou des entreprises du CAC40 disposant de budgets conséquents permettant de dispendieuses innovations. Son projet est plutôt bien accepté par les autres coureurs, mis à part les quelques grincheux habituels ! C'est par ailleurs un véritable succès auprès du public qui se presse nombreux pour admirer ce bateau à l'histoire hors norme et aussi auprès des médias qui répercutent à l'envi ce projet original adapté aux problèmes environnementaux que l'on évoque de plus en plus. « C'était génial d'être là et de mettre en avant le projet en compagnie de skippers connus ! » affirme Romain qui embarque même, pour l'émouvant « passage des écluses », Brune Poirson, alors secrétaire d'État auprès du ministre de la Transition écologique et solidaire.

La course en elle-même s'avère très dure et sélective dès le soir du départ donné le dimanche 4 novembre devant la pointe du Groin. Comme souvent au mois de novembre et typiquement au moment de la Route du Rhum, à cause des dépressions qui se succèdent, les éléments se déchaînent dans la traversée du golfe de Gascogne et mettent à mal la flotte des 123 solitaires. Les avaries et les abandons se succèdent. La flotte des Ultim n'est pas épargnée, *Banque Populaire* chavire au passage du premier front un jour à peine après le départ, Sébastien Josse sur *Gitana* annonce la perte d'une moitié d'un flotteur et se détourne sur La Corogne, comme *Sodebo* victime également d'une casse majeure. Romain est malade, ne peut s'alimenter. Il raconte encore ses manœuvres exténuantes qu'il doit absolument effectuer sous peine de chavirage, en vomissant tout ce qu'il peut à la colonne de winch. Il est à bout, mais tient bon. Pourtant, trois jours après le départ, il doit également rallier le port espagnol pour réparer ses chariots de grand-voile qui ont cassé à la suite d'une préparation hâtive. Un pit-stop court d'à peine six heures, bien géré, qui lui permet de reprendre la mer en troisième position derrière François Gabart et Francis Joyon, les seuls à avoir réussi à passer au travers de la tempête malgré des problèmes qu'ils n'évoquent pas pour l'instant. Le rookie[1] Romain Pilliard est momentanément 3e des Ultim. Ça s'affole, à terre! La suite sur *USE IT AGAIN* a bien failli être dramatique du côté de Madère à cause d'un problème technique qui aurait pu entraîner son démâtage. À la suite des mouvements violents provoqués par la mer désordonnée, l'axe de la cadène[2] du hauban sous le vent, celui qui tient le mât, s'est fait

1. Nouvelle recrue.
2. Pièce métallique qui relie la coque au gréement.

la malle. Heureusement, Romain s'en aperçoit avant d'empanner en pleine nuit de tempête. Pour continuer, il va falloir envisager une réparation de fortune qui va l'obliger à naviguer sous voilure réduite, trois ris et petit foc, sur l'un des deux bords, jusqu'en Guadeloupe. Mais le pire a été évité ! Dans ces conditions, le bateau, au milieu de l'Atlantique, est bien ralenti. *Sodebo,* qui semblait avoir abandonné la course, ne peut laisser *USE IT AGAIN* finir 3e, alors que le classe Ultim doit faire ses preuves et montrer la fiabilité de ses bateaux tandis que deux des quatre nouvelles unités sont au tapis ! Il repart de La Corogne et repasse logiquement devant, si bien que *USE IT AGAIN* termine la course à Pointe-à-Pitre en quatrième position, accueilli avec fierté dans la nuit guadeloupéenne par Aurélie et leurs enfants. C'est un résultat encourageant : « On va au bout et on finit quatrième de la Route du Rhum, ce n'est pas rien ! » raconte Romain. « Être au départ, c'était déjà génial. Se retrouver à l'arrivée, c'est encore mieux. »

Pour la petite équipe de *USE IT AGAIN*, cette Route du Rhum est une formidable expérience qui permet d'envisager presque sereinement la suite et aussi la délivrance d'un premier message, qui montre que l'on peut faire de la course au large différemment, tout en respectant l'environnement et en protégeant la planète !

La préparation du tour du monde à l'envers

Après la Route du Rhum, le sponsor principal ne suit pas, englué dans des déboires économiques. Romain et Aurélie pensaient avoir fait le plus dur et prouvé tout ce dont ils étaient capables. Les temps sont durs et la caisse de bord est vide. En juillet 2019, ils convainquent un fonds d'investissement et sa fondation engagée pour la protection de la Méditerranée de gérer leur événement à Marseille en septembre, avec la présence du trimaran *USE IT AGAIN* en guest-star. Romain sera le grand témoin de la soirée et emmènera des invités naviguer en baie de Marseille ou simplement visiter son trimaran et parler économie circulaire. Le bateau part en Méditerranée. Romain embarque deux copains avec lui. C'est un aller-retour depuis la Bretagne, une autre belle aventure, des milles accumulés avec le constat que la Méditerranée est bien trop polluée. En 2020 arrive le COVID. Confinés dans leur maison sur la rivière d'Auray, Romain et Aurélie discutent avec leur voisin, le météorologue Christian Dumard, qui a routé Romain sur la Route du Rhum. Ils ne sont pas arrêtés sur la suite à donner à leur aventure. Ils réfléchissent à un projet ou un défi sportif qui donne vraiment du sens aux valeurs de USE IT AGAIN. Christian connaît bien tous les records et toutes les compétitions à la voile. En phase avec Romain et Aurélie, il dispose d'un certain recul sur l'ensemble de la course au large. Surtout, il maîtrise parfaitement la météorologie des mers du Sud et les multicoques, puisqu'il était le routeur d'Yves Le Blevec en 2019 dans sa tentative de record du tour du monde en solitaire d'est en ouest, conclue dramatiquement par un chavirage dans les parages du cap Horn. Convaincu que Romain en est capable et possède le bateau idéal pour ce type de navigation extrême, il lui propose de tenter ce même record, mais en double, compte tenu de son expérience limitée des grands multicoques et aussi des mers du Sud. Ce serait un bon prolongement de la Route du Rhum, avec un impact démultiplié pour la reconnaissance de l'économie circulaire.

Romain raconte: «C'est Christian qui nous a soufflé l'idée. Elle nous plaît beaucoup: faire le tour du monde à l'envers, contre les vents et les courants dominants, sans escale et sans assistance, un vrai symbole pour le projet USE IT AGAIN. On est à l'opposé des sprints du trophée Jules Verne (tour du monde d'ouest en est) ou du Vendée Globe, devenus des courses effrénées à l'innovation technologique entraînant la dépense de millions d'euros sans se soucier de l'impact environnemental. Cette tentative de record à l'envers représente exactement ce que nous souhaitons démontrer avec USE IT AGAIN: il est temps de changer de direction, de modifier nos modes de consommation et notre économie en passant d'une économie linéaire à une économie circulaire. Cessons de penser qu'il n'existe toujours qu'un seul chemin, celui du toujours plus, plus vite, plus fort, plus grand, et ce, quel qu'en soit l'impact pour la planète. La performance absolue a un coût que la nature ne peut plus supporter, les scientifiques sont unanimes, les ressources planétaires ne sont pas inépuisables et il est urgent de ralentir. Alors ne devrions-nous pas nous mettre dès à présent en quête d'une performance relative, plus respectueuse de l'environnement? Ce record du tour du monde à l'envers en serait le parfait exemple. En choisissant de prendre le chemin inverse des autres records et courses habituels, un trajet plus dur et plus long, ce record représenterait une performance unique, à la fois pour le marin et pour le bateau, tout en minimisant l'impact environnemental global du projet. Personne n'a encore réussi cet exploit en multicoque, même en double, ce qui donne toute la dimension et la difficulté de cette navigation.»

En cela, il n'a pas tort! Il s'agit en effet de plus de 120 jours de mer, dont la majeure partie à travers les océans les plus hostiles de la planète, contre les vagues, le vent et les courants, avec un passage du cap Horn dans le mauvais sens! Ce record est détenu depuis 2004 par *Adrien*, un monocoque de 80 pieds mené par le navigateur Jean-Luc Van Den Heede, bouclant son tour de la planète en 122 jours, à sa quatrième tentative.

Tenter ce record en multicoque est peut-être le challenge maritime le plus difficile au monde. Yves Le Blevec est le dernier à l'avoir tenté, sans succès. C'est un défi exceptionnel, qui demande courage, résilience, confiance – en son bateau et son équipier lorsqu'on est en double. Et ce n'est pas facile de choisir quelqu'un pour une telle aventure. C'est Christian qui propose à Romain d'embarquer le marin espagnol Alex Pella. «On s'était croisé quelquefois, mais je le connaissais surtout de réputation», ajoute Romain. Au printemps 2021, les deux hommes se sont mis d'accord et Alex vient régulièrement à La Trinité pour préparer leur prochain défi avec la petite équipe gérée par Aurélie. Elle est constituée de deux préparateurs polyvalents, un boat-captain pour superviser la technique, une responsable pour l'administratif et la logistique, une autre pour la communication et un directeur des partenariats. S'ajoutent à cette équipe des prestataires spécialisés dans l'électronique et le gréement ou la partie vidéos, photos et relations médias...

De son côté, Romain intensifie sa préparation physique avec un coach sportif. Préparation essentiellement basée sur du Pilates et de l'entraînement cardio, complétée par un régime nutritionnel sévère concocté par un médecin naturopathe. Le navigateur sait que ce challenge va être particulièrement difficile, à la fois dans l'intensité due aux conditions extrêmes de vent et de mer, mais aussi dans sa longueur, car il va falloir tenir sur la durée, soit plus de 3 mois! D'autre part, il anticipe aussi les difficultés psychologiques d'un tel voyage, en portant beaucoup d'importance à sa préparation mentale à l'aide du coach qui l'avait suivi pour la Route du Rhum. Sophrologie et méditation font partie de son travail de préparation.

Un programme bien chargé donc pour ces quelques mois avant le départ, d'autant plus que Romain continue de chercher à embarquer de nouveaux mécènes dans l'aventure, sponsors ou partenaires média, pour boucler le budget, tout en supervisant aussi, avec Aurélie, la préparation du bateau.

Les choix techniques sont extrêmement importants dans ce genre de projet où la fiabilité du matériel est une des conditions du succès, mais aussi de la sécurité des marins. Ils passeront dans des endroits où il y a peu ou pas de trafic maritime, comme dans l'est de l'Australie ou au milieu de l'océan Indien, et dans des zones où les conditions de mer et de vent empêcheront tout sauvetage, particulièrement dans le sud et aux abords du cap Horn. Mais l'exercice n'est pas simple avec la particularité du projet USE IT AGAIN qui vise à minimiser au maximum son impact environnemental, privilégiant une économie circulaire et limitant au mieux l'acquisition de matériel neuf.

Si l'acquisition des voiles d'avant est déjà réglée avec le *sourcing* de voiles de seconde main, toutes retaillées et renforcées en voilerie, celui de la grand-voile est plus difficile. Cette dernière doit être fiable à cent pour cent, car aucune autre ne pourra la remplacer en cas de déchirure totale. Celle qui est à poste pourrait toutefois convenir. Après de nombreuses discussions avec leur maître-voilier, Romain et Aurélie décident de garder l'existante, malgré ses deux transats et un aller-retour en Méditerranée. Elle sera cependant renforcée aux endroits où elle risquerait de s'user. Romain explique: «Le choix de n'avoir aucune voile neuve est un peu risqué sur un tel défi, car nous allons un peu vers l'inconnu concernant leur usure et leur durée de vie. En effet, ce record est si rarement tenté qu'il nous faut anticiper l'imprévisible, et seul l'avenir nous donnera tort ou raison. En tout cas, nous sommes fiers et heureux de pouvoir préparer ce bateau pour l'un des challenges les plus exigeants au monde, avec si peu de matériel neuf, et notamment aucune voile neuve. Nous sommes USE IT AGAIN à fond!»

Il continue: «Cela a aussi un impact côté budget. Même si tout le temps passé au *sourcing* de matériel d'occasion ou reconditionné, puis de transformation et de réflexion sur les différents éléments n'est pas neutre. *In fine*, ne pas acheter de voiles neuves est quand même intéressant financièrement. Par ailleurs, nous avons besoin tout de même d'une équipe de préparateurs et de prestataires de bon niveau, car il faut vérifier la totalité du bateau, y compris le gréement dormant qu'il faut changer, tout en gardant l'ancien qui resservira pour d'autres courses après ce tour du monde, acquérir tout le matériel technique et de sécurité indispensable, manutentionner le bateau... et tout cela mis bout à bout représente une somme conséquente, mais nous sommes bien loin du budget des autres Ultim pour les tentatives du Jules Verne.»

La tentative du record : de Lorient à Ushuaia

Au début du mois de novembre 2021, budget partiellement bouclé, ils sont prêts à partir et se mettent en *stand-by* pour attendre une bonne fenêtre météo. En effet, même s'il s'agit d'une course autour du monde, il faut profiter des meilleures conditions dès le départ en utilisant les modèles météo qui proposent un routage précis pratiquement jusqu'à l'équateur, afin de ne pas perdre de temps sur la première partie du parcours. Romain et Alex discutent souvent avec Christian Dumard d'éventuelles dates de départ en fonction des prévisions. Les deux marins s'entendent bien, le temps de cette préparation, puis pendant la période de *stand-by*. Ils ont réussi à s'entraîner ensemble, mais n'ont pas affronté de conditions très rudes pendant leurs navigations estivales en Atlantique. « On rigole bien ensemble et nous sommes facilement d'accord sur les prises de décisions techniques », se souvient Romain. Après plusieurs semaines d'analyse des fichiers météo et d'attente, pour Romain en Bretagne et Alex en Espagne, après deux « faux départs », ils décident de mettre les voiles le 4 janvier 2022 à partir de Lorient.

L'équipe *USE IT AGAIN*, Aurélie et leurs trois enfants, les parents de Romain et quelques amis, ainsi que des journalistes et équipes TV sont présents sur le ponton de départ. L'émotion est largement palpable. Aurélie et les enfants sont à la fois extrêmement émus et heureux. Titouan, l'aîné (16 ans), et Colas, le cadet (14 ans), sont à bord avec le boat-captain Ludovic Aglaor pour quitter le ponton et hisser la grand-voile. Jodie, la petite dernière de 2 ans, est dans les bras d'Aurélie qui suit avec le reste de l'équipe sur un semi-rigide. Alex a préféré ne pas faire venir sa femme et ses enfants pour s'éviter de trop fortes émotions. Ce défi exceptionnel n'est pas le premier dans sa vie de marin, mais c'est le premier depuis la naissance de ses deux enfants âgés de 2 et 3 ans. D'ailleurs, jeune père de famille, il ne pensait pas repartir dans ce genre d'aventure. C'est l'attrait de ce record inédit dont il rêvait depuis longtemps, pour avoir le record autour du monde dans les deux sens, qui lui a fait accepter la proposition de Romain, avec un type d'engagement nouveau pour sa femme et lui.

Au crépuscule, nos deux marins prennent le départ devant Lorient, entre la pointe sud de l'île de Groix et la bouée de la basse des Chats. Claude Breton, représentant officiel du WSSRC (World Sailing Speed Record Council), l'organisme qui répertorie l'ensemble des records à la voile, est présent. Il se positionne sur la côte près de Lorient, au pied du phare de Kerroc'h en face de l'île de Groix, pour valider officiellement l'heure de passage de la ligne virtuelle et lancer ainsi le chronométrage officiel. Christian Dumard l'accompagne, ainsi que la famille et les amis de Romain. Les conditions météo sont belles, l'émotion se fait entendre de chaque côté de la VHF[1] lorsqu'Aurélie et ses enfants souhaitent bon vent aux marins. Du vent fort arrivera dans la nuit.

1. VHF (Very High Frequency): radio à très haute fréquence permettant les communications de bateau à bateau.

Malgré l'hiver, les conditions sont favorables, le golfe de Gascogne est franchi sans problème et les navigateurs trouvent rapidement soleil et chaleur. Le 10 janvier, moins d'une semaine après le départ, *USE IT AGAIN* file à vive allure le long des côtes mauritaniennes. En pleine nuit, ils aperçoivent des lumières et entendent le bruit de dizaines de bateaux de pêche non signalés à l'AIS (système de positionnement maritime international). Ils doivent dévier leur route pour ne pas s'en approcher. Ils avertissent Christian Dumard de la raison de ce changement de trajectoire et échangent avec lui sur ces flottes de pêcheurs illégaux, la plupart du temps chinois, qui viennent piller en toute discrétion les fonds marins au large de l'Afrique.

Au lever du jour, la météo change à nouveau, il fait chaud, mais le ciel est couvert, il pleut et le vent du désert mauritanien souffle jusqu'au large, recouvrant le bateau d'une fine couche de sable rouge ! Ce n'est pas bon pour le matériel, les panneaux solaires, les winchs… Alex et Romain nettoient et restent extrêmement vigilants, car la visibilité est très réduite, le brouillard de sable de plus en plus dense, conditions susceptibles d'entraîner la collision avec un bateau de pêche qu'ils ne verraient pas. Les jours suivants, le vent est assez faible, la mer peu agitée. *USE IT AGAIN* avance à 17 nœuds. Romain et Alex en profitent pour renforcer une drisse[1] qui paraît déjà s'user bizarrement et faire un point sur l'ensemble du matériel avant de pénétrer quelques heures plus tard dans le fameux pot-au-noir, appelé aussi zone de convergence intertropicale. Dans cet endroit compris entre les alizés du nord-est et ceux du nord-ouest, le vent est très variable en force et en direction, pouvant passer

1. Drisse : cordage permettant de hisser les voiles.

de 0 à 30 nœuds en quelques minutes. C'est alors que l'entente entre les deux coéquipiers se dégrade tout d'un coup pour une banale question technique.

Romain note dans son carnet de bord: « *14 janvier, approche du pot-au-noir. Le vent monte, toujours sous grand-voile, gennaker*[1] *et J2. Problème avec le pilote qui barre mal. On commence à regarder. Alex s'énerve un peu tout seul lorsque je lui suggère de vérifier les paramètres. Il a le sang chaud. Il s'excuse après. On sent qu'il s'en veut de s'être énervé. Je crois que la clé des bonnes relations va être de savoir laisser glisser, ne pas réfléchir aux petites remarques, au ton employé. Il faudra aussi bien dormir. Le manque de sommeil risque d'exacerber les situations où le ton peut monter. Franchement, je m'étonne qu'il se soit emporté pour quelque chose d'aussi futile ! Peut-être parce que c'est tombé au moment de sa sieste ! Finalement, on a trouvé la solution technique et tout va bien !* »

Une fois passé le pot-au-noir, la nuit du 16 janvier, *USE IT AGAIN* franchit l'équateur, accompagné des offrandes de l'équipage qui, tradition oblige, offre un peu de champagne au bateau et à Neptune en guise de remerciement de les avoir laissés passer dans de belles conditions. L'ambiance est joyeuse à bord, les marins sont heureux de leur première partie de ce tour du monde, malgré des tensions de plus en plus fréquentes. À partir de ce moment-là, Romain va mettre en place un système de quarts plus strict, pour leur permettre de prendre de la distance et d'avoir chacun de vraies périodes d'intimité.

Bien sûr, ils savourent aussi ces moments de grâce qui n'existent qu'en mer. Romain décrit ainsi une manœuvre

1. Gennaker: voile d'avant de très grande surface utilisée essentiellement aux allures portantes.

Trimaran d'Ellen MacArthur à l'état d'abandon à Brest en 2016.

Christian Dumard (météorologue de Romain) et Roland Jourdain (coach) dans le bateau, la veille du départ de la Route du Rhum 2018.

Titouan et Colas Pilliard dans la pollution de Shanghai (2016).

1re sortie de chantier du trimaran *USE IT AGAIN* (31 août 2018).

Message de Romain sur la Route du Rhum 2018.

Arrivé 4e trimaran Ultim de la Route du Rhum 2018. © Audrey Dochler

Session de sensibilisation à la protection de l'océan par Titouan et Colas Pilliard (Guadeloupe, arrivée Route du Rhum 2022). © Matt Ashwell/USE IT AGAIN

Trimaran *USE IT AGAIN* avant le départ du tour du monde 2022.

USE IT AGAIN

Le parcours de *USE IT AGAIN* lors de son tour du monde à l'envers.

Cap
nne-Espérance
Cap
Leeuwin
Tasmanie

Romain en cuisine avec « Mamie », la vieille cocotte de sa grand-mère de Carantec.

Traces d'hydrocarbure sur la poutre arrière (tour du monde 2022).

Navigation en Terre de Feu (détroit de Lemaire, février 2022).

En approche du cap Horn (février 2022).

Passage du cap Horn (3 février 2022).

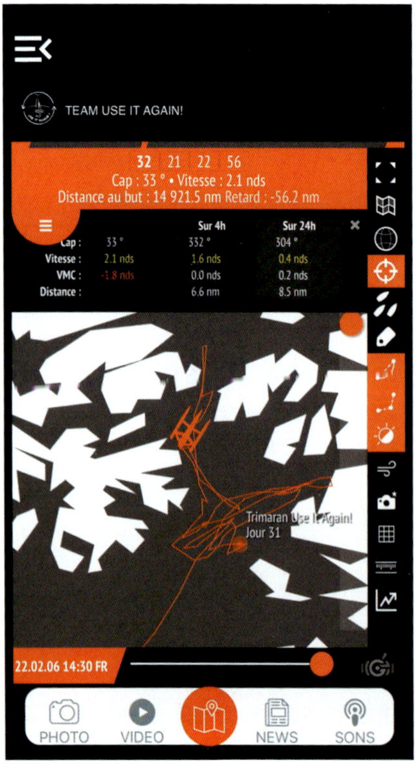

Baie de Cook, canaux de Patagonie (février 2022).

Attente en baie de Cook (6 février 2022).

Le trimaran est posé sur un îlot de la baie de Cook.

Romain au lever du jour après l'échouage.

Des équipiers du Ponant aident à désarmer le trimaran avant la sortie d'eau pour réparation (Ushuaia, 13 février 2022).

Travail de stratification pour les réparations du trimaran (9 mars 2022).

Le trimaran est posé sur 148 palettes reconditionnées, avec l'aimable autorisation de la marine argentine (23 février 2022).

Jour de départ pour Romain et Christophe vers Papeete (16 mars 2022). Dans l'ordre : Jodie, Aurélie, Édouard, Jean, Marion, Alain, Titouan, Colas, Christophe et Romain.

d'empannage[1] qu'il effectue en solitaire au large du mythique Cabo Frio : « *Manœuvre parfaite, seul sur mon bateau. Alex dort, un joli bateau de pêche passe tranquille non loin de mon bâbord. J'en ai les larmes aux yeux tellement c'est beau.* »

Les alizés de nord-est bien établis les propulsent gentiment vers le sud-ouest. Ils essaient de trouver le bon rythme, font attention à bien préserver le matériel, renforcent ce qui leur paraît nécessaire avant le Grand Sud, répondent aux sollicitations de communication des médias ou partenaires, tout en cherchant à suivre la meilleure trajectoire pour se rapprocher du cap Horn le plus vite possible. Ils cumulent chaque jour des milles d'avance sur le record à battre, tout en sachant qu'ils auront certainement besoin de cette marge au passage des différents caps et notamment du Horn, au cas où la météo les oblige à faire le dos rond et attendre de meilleures conditions. Le record de Jean-Luc Van Den Heede avait été établi à bord d'un monocoque qui lui permettait d'avancer contre le vent, quelles que soient les circonstances, ce qui n'est pas le cas en multicoque où le risque de chavirage est élevé au près et face aux vagues.

Arrivés au large du Brésil, ils sont témoins de l'une des pollutions marines parmi les plus horribles créées par l'homme, des nappes nauséabondes de pétrole qui flottent sur de vastes étendues marines qu'ils mettront une bonne dizaine d'heures à passer. Comme une marée noire au milieu de nulle part. Enfin, pas tout à fait, car ils aperçoivent au loin une plateforme pétrolière en pleine exploitation. C'est le choc. Les éclaboussures des vagues sur les flotteurs constellent le trimaran de taches noires

1. Empannage : virement de bord avec le vent venant de l'arrière.

difficiles à nettoyer; ils n'osent même pas imaginer les dégâts causés sur les espèces vivantes de l'océan et les oiseaux marins... La vision de ce scandale écologique, quelques jours à peine après avoir croisé des bateaux de pêche illégaux, ne fait que renforcer la colère de Romain et sa volonté d'agir pour protéger l'océan. Il communique dès lors sur cet impact de l'humain sur l'océan pendant son interview hebdomadaire en direct sur France Info avec la journaliste Catherine Pottier, qui a choisi de relayer sa tentative de record chaque dimanche en fin de journée.

Les voici enfin arrivés au niveau des côtes argentines. La température est de plus en plus froide, y compris à l'intérieur du bateau où il n'y a pas de chauffage. Les conditions de mer et de vent deviennent plus rudes en rentrant dans les quarantièmes rugissants. Ils échangent beaucoup avec Christian Dumard, à l'approche du cap Horn, qu'ils essaieront d'atteindre une fois franchi le redoutable détroit de Lemaire, situé entre le continent et l'île des États.

Le passage du cap Horn

C'est le moment choisi par le mauvais temps pour s'installer sur l'extrême sud du continent sud-américain et en particulier sur cette zone du « cap Dur » qui mérite bien son surnom. Christian Dumard n'est pas optimiste quant à la météo qui les attend vers le cap Horn et leur conseille d'aller se protéger au nord de l'île des États, à l'entrée du détroit de Lemaire qu'il n'est pas question de franchir par ce mauvais temps.

Romain note dans le livre de bord, le 28 janvier: « *L'objectif est de descendre sud plus vite que le routage pour aller s'abriter avant le coup de vent très fort de sud, soit au nord de la péninsule de la Terre de Feu, soit au nord de l'île des États. On laissera passer deux jours, puis on atteindra l'entrée du canal de Beagle avec un passage du Horn le 3 si tout va bien ! Les fichiers s'améliorent et notre moral aussi… Bonne ambiance à bord, on a bien manœuvré ces dernières vingt-quatre heures. L'équipe à terre est top ! Les albatros sont là, toujours aussi majestueux.* »

Mais les conditions pour parcourir les derniers milles et atteindre l'abri de l'île s'avèrent plus difficiles que celles annoncées par les fichiers météo envoyés par Christian. Au lieu des 40 nœuds prévus, ce sont 60 nœuds et une mer démontée qui agressent *USE IT AGAIN*. Dans cette méchante tempête, les marins déchirent une partie de la chute[1] de leur grand-voile et prennent un coup au moral après la satisfaction d'avoir réussi à naviguer proprement jusque-là, gardant leur bateau en parfait état. La question ne se pose plus ; il faut s'abriter, attendre et réparer. Mais attendre ne veut pas dire stopper le bateau. On doit continuer à naviguer, le plus lentement possible, faire des allers et retours pour rester dans une zone choisie, plus ou moins à l'abri des vagues et des vents les plus violents.

La mer est grosse. Ils vont passer trois longues journées et autant de nuits à attendre une accalmie, leur bateau toilé au minimum, juste de quoi être manœuvrant, sous le regard impavide des albatros qui tournent dans le ciel ravagé. Le kelp, ces longues et larges algues que l'on trouve dans les mers du Sud, prolifèrent près de la côte, s'accrochent aux safrans[2] et rendent le bateau difficile à barrer. À l'intérieur, l'humidité est présente partout, suinte sur les bordés, pénètre les vêtements et les sacs de couchage. Il faut néanmoins assurer la veille pour ne pas risquer l'échouage ou la rencontre avec l'un des rares bateaux de

1. Chute : partie arrière d'une voile.
2. Safran : gouvernail.

pêche ou de commerce présents sur zone. On ne sait jamais! Attendre, c'est long, frustrant et fatigant dans ces conditions.

Extrait du livre de bord, le 1er février: «*Nuit difficile à essayer de se protéger dans une baie à l'ouest de l'entrée du détroit (de Lemaire). Pas simple sous 4 ris. Impossible de se mettre à la cape et se laisser dériver. On check le bateau, on essaye de se reposer.*»

Alex, déjà trois fois cap-hornier, avec une bonne expérience de ces parages, ne s'attendait pas à une «attente» si difficile. Elle est longue, perfide, détériore leur mental et leur faculté d'analyse. Alex commence à émettre des doutes sur les capacités de leur routeur, lui reprochant de ne pas avoir prévu les conditions plus que musclées rencontrées depuis quelques jours. Enfin, une légère amélioration de la force du vent et de la mer leur permet d'envisager de faire route vers le cap Horn, avec l'assentiment de Christian. Ce dernier annonce que les conditions ne vont pas être simples, qu'il faudra aborder le Horn au près dans 35 nœuds de vent avec des vagues hautes de 5 à 6 mètres et que la suite risque d'être encore plus compliquée. Il évoque alors la forte probabilité de devoir se mettre de nouveau à l'abri dans les canaux de Patagonie afin de laisser passer une nouvelle tempête, avant d'espérer pénétrer dans le Pacifique. Alex n'est pas très chaud pour continuer et commence à l'évoquer avec Romain. Il se souvient amèrement du chavirage d'Yves Le Blevec, son co-skipper de la Transat Jacques Vabre, qui a perdu son bateau voici quelques années dans les mêmes parages.

Le 2 février, ils décident finalement de partir vers le Horn, mais les conditions sont si dures qu'ils ont du mal à tracer leur route en remontant contre le vent, enchaînant des manœuvres terriblement risquées. Romain décrit ces moments chaotiques dans le détroit de Lemaire comme son pire souvenir de navigation contre vents et courants, avec l'impression désagréable de se trouver en pleine tempête sur un catamaran de sport ! Ils se rapprochent alors de la côte, essayant de la longer pour éviter le plus fort de la mer.

Extrait du livre de bord : «*Approche difficile, énormément de courant dans le détroit de Lemaire et dans le mauvais sens ! Le vent monte avec des rafales de plus en plus fortes. Nous sommes trop toilés. Ça devient super chaud avec l'énorme mer qui s'installe. Le bateau se cabre, monte sur un flotteur. À la prochaine rafale plus forte, comment ça va se passer ? Je ne suis pas fier, ce ne sont pas des conditions acceptables. Jamais je ne me suis senti en insécurité comme cela sur le bateau !*»

Il est impossible de communiquer avec Christian par téléphone satellite. C'est la guerre, à ce moment-là. À terre, Christian et Aurélie discutent ensemble et règlent la cartographie pour avoir un point toutes les dix minutes au lieu de toutes les deux heures. Ils se sont aperçus que la trace du trimaran n'est pas bonne et tentent en vain de les contacter pour savoir s'ils ont un problème. Aurélie finit par échanger quelques mots par WhatsApp avec Romain :

A. « Tout va bien à bord ? Que se passe-t-il ? Pourquoi vous êtes à la côte ? »

R. « C'est chaud, ça ne passe pas. »

A. « Je sais, mais Christian dit que c'est le seul moment où passer, sinon ça ne passera plus… »

R. « Quand je te dis que c'est chaud, c'est chaud question sécurité ! Et Alex ne veut pas y aller. »

A. « Christian dit que le record se joue maintenant et que vous êtes capables de passer. Il dit aussi que tu as désormais l'expérience et les compétences pour décider et assurer pleinement ton rôle de skipper. À toi de décider ! »

Quelques minutes plus tard, le trimaran se déplace à nouveau sur la cartographie, tirant des bords vers le cap Horn pour un passage estimé dans les 36 heures. Christian et Aurélie sont attentifs à leur route et attendent avec impatience des nouvelles. C'est peu de temps avant le passage du cap Horn que Romain enverra le message suivant: «Tout va bien à bord, on réussit à progresser, car le courant et les vagues sont moins forts. Alex n'arrive pas à manger, il a froid et n'arrive pas à se réchauffer, il est à l'intérieur. Moi ça va, c'est magnifique ici!»

C'est le 3 février au petit jour qu'ils franchissent le cap Dur et passent à proximité du phare le plus austral de la planète. Une première pour Romain et un quatrième cap Horn pour Alex, qui dira que celui-ci, à l'envers, en vaut bien trois!

Enthousiaste, Romain écrit avec beaucoup d'émotion: «*Nous nous sommes fait secouer jusqu'à l'île du Horn, toujours sous trois ris et tourmentin*[1]*, mais avec la mer forte, nous avançons à une allure raisonnable sans faire de mal au bateau. C'est incroyable, nous y sommes! C'est un sentiment de joie immense, celle des plus grands jours de ma vie. J'appelle Aurélie, on pleure de joie ensemble, on sait qu'on est en train de réaliser quelque chose de grand.*»

Après avoir échangé quelques mots à la VHF avec le gardien du phare, lieu habituellement touristique, mais en ce moment interdit aux visiteurs à cause du COVID, ils entrent enfin dans le Pacifique. Les réjouissances ne durent pas, car leur espoir de progresser vers le nord-ouest s'éteint avec l'arrivée d'une nouvelle tempête australe que Christian avait identifiée quelques jours auparavant. Le 4 février, la mer se forme et, par vent de face, ils progressent jusqu'à l'entrée de la baie de Cook à 100 milles vers le nord, sur la côte ouest du Chili. La route vers le nord, qui doit leur permettre de sortir des cinquantièmes

1. Tourmentin: toute petite voile d'avant.

hurlants en longeant la côte chilienne afin de rejoindre les alizés, semble définitivement coupée pour un temps indéterminé. S'ils tardent, ils risquent de se retrouver drossés au milieu du détroit de Drake, avec tous les risques que cela comporte. Après plusieurs hésitations et maintes discussions avec Christian et l'équipe à terre, ils décident alors de pénétrer dans les méandres des canaux de la Terre de Feu pour s'abriter et patienter au milieu du détroit de Beagle jusqu'à une éventuelle amélioration. Les nuits en Patagonie sont bien obscures, il n'y a aucun feu ni lumière, et les journées assombries par les grains et la pluie ne sont pas meilleures !

L'équipe à terre communique avec une certaine Roxana, personnalité incontournable des marins passant par Ushuaia, et reçoit de sa part, le 4 février, le message suivant : « Ils sont entrés dans les eaux territoriales chiliennes et doivent être visibles à l'AIS. Ils doivent immédiatement procéder aux formalités de douanes à Puerto Williams. S'ils ne le font pas, cela entraînera probablement l'affrètement d'une vedette de la patrouille chilienne pour saisir le bateau, et l'équipage de *USE IT AGAIN* risquerait l'emprisonnement ! »

À la réception de ce message, Aurélie s'empresse d'appeler Christian pour comprendre la situation. Ce dernier lui confirme, avec son calme habituel, qu'effectivement Romain et Alex se trouvent dans les eaux chiliennes depuis le passage du Horn et que, depuis le début de la crise du COVID, celles-ci sont interdites à tout navire. De plus, il connaît la réputation de l'armée chilienne et assure qu'ils sont capables de venir les arrêter : « C'est tout à fait possible qu'ils cherchent à les intercepter pour les conduire à Puerto Williams s'ils restent dans les eaux chiliennes et n'ont pas cherché à effectuer leur *clearance* administrative. Ils sont trop loin de Puerto Williams pour venir les chercher en bateau. En revanche..., rien ne les empêche d'arriver en hélicoptère et de les hélitreuiller en abandonnant le bateau. De toute façon, cela ne sert à rien de se cacher; ils se sont signalés auprès du gardien de phare en passant le Horn et sont visibles à l'AIS. Ce que l'on peut faire, c'est communiquer sur le fait qu'ils attendent le passage de la tempête pour repartir et qu'ils n'ont pas l'intention de débarquer à terre, cela les rassurera peut-être...»

À la suite de cette discussion, Aurélie contacte immédiatement Romain et Alex pour leur expliquer la situation et leur demander d'expliquer au gardien du sémaphore local qu'ils se sont mis à l'abri de la tempête, mais qu'ils sont en course et qu'ils repartiront dès que possible! Ce qu'ils vont faire rapidement. L'échange est cordial, suivi d'une connexion par mail avec les autorités de Puerto Williams qui semblent rassurées et leur demandent juste de les tenir informées régulièrement de leurs intentions. À terre, on souffle en espérant que les autorités ne changeront pas d'avis! Léa, chargée de la communication, rédige un message adressé à tous les supports (site web, réseaux sociaux) afin d'expliquer clairement qu'ils repartiront vers le large dès que la situation météo le leur permettra. Au cas où les autorités chiliennes s'en inquiéteraient!

Pendant ce temps-là, se relayant toutes les quatre heures, les deux équipiers tirent des bords sous voilure réduite entre les murailles obscures de la côte impénétrable et inhospitalière patagonne. Le décor est magique, l'espace est désert, aucune habitation ni navire à l'horizon, la glace descend des montagnes, se jetant à certains endroits jusque dans la mer. Mais il fait toujours très froid, la neige n'est pas loin et les prévisions météo ne s'améliorent guère. La situation est tendue à bord, car les perspectives de repartir au large rapidement n'évoluent pas dans le bon sens. De plus, ils ne disposent pas d'une cartographie précise décrivant la position des hauts-fonds et des récifs qui parsèment les branches tentaculaires du détroit. Le jour, cela va plutôt bien, malgré la visibilité moyenne. En revanche, la nuit, c'est plus compliqué. Après plusieurs options discutées entre les marins et Christian pour échapper aux prochaines tempêtes, comme remonter à travers les canaux de Patagonie vers le nord ou prendre la fuite dans le canal de Beagle vers l'est en direction d'Ushuaia, voire jusqu'à la côte Atlantique et repasser le Horn, pour finir, ils n'envisagent pas de quitter les baies dans lesquelles ils naviguent depuis plusieurs jours en sécurité et projettent un départ vers le 9.

Le 7 février, la mer et le vent sont calmés en baie de Cook, mais les Williwaws, ces vents violents qui tombent tout droit des montagnes, obligent les marins à se tenir sur le qui-vive en permanence. Dans la nuit du 7 au 8 février, alors que le bateau est sous quatre ris, Romain et Alex décident de naviguer dans le chenal entre les îles Darwin et Chair pour prendre le moins de risques possible et avoir de l'eau à courir en cas de grains violents ou de vents catabatiques. C'est au tour d'Alex de prendre son quart, il est dehors, à la veille. Romain, supposé dormir dans sa bannette, se réveille, car les bruits ont changé à bord, le vent semble forcir. Il se lève et demande à son équipier si tout va bien, s'il a besoin d'aide. Le vent est monté à 40 nœuds brusquement et il neige à l'horizontale, on ne voit plus rien. Sans attendre une réponse, il enfile sa veste de ciré, jette un œil à la cartographie et se précipite dans le cockpit où se trouve Alex, coupe le pilote automatique et tire la barre d'un grand coup pour éviter un îlot situé à seulement quelques dizaines de mètres du trimaran. Dans cette manœuvre d'urgence, il y a eu un peu de casse, mais c'est un moindre mal, car le bateau était lancé à pleine vitesse en direction de l'îlot Chair. Alex est sous le choc. Il expliquera plus tard à Christian dans un message WhatsApp: «On s'est mis en vrac pour ne pas aller droit sur l'île et, après perte de contrôle, on a dû faire deux autres empannages forcés... Dans la nuit noire, le vent est passé de 10 à 55 nœuds d'un coup. On a cassé un pin[1] et un embout de latte, mais on n'est pas sur les cailloux...» Ils ont frôlé la catastrophe.

Le 9 février, Christian leur confirme la fenêtre météo du lendemain, propice à un départ vers l'ouest, mais dans des conditions encore difficiles, environ 35 nœuds de vent au près dans une mer formée, avec des creux pouvant aller jusqu'à 5 ou 6 mètres. Surtout, il va falloir laisser passer le front prévu, comportant des vents jusqu'à 60 nœuds et même de la neige (jusqu'à 10 cm)! Christian est inquiet. Il envoie un message à Aurélie: «Cela peut être compliqué de partir demain, car ils ont cassé du matériel et doivent réparer. S'ils cassent le moindre truc dans la nuit du 9 au 10, ils ne pourront pas sortir le 10 comme prévu.»

À bord, la journée du 9 février est consacrée à réparer au plus vite les dégâts de la grand-voile, afin de pouvoir aborder le front du lendemain de la meilleure façon. Ils doivent aussi décider s'ils partent ou non le 10 dans les conditions annoncées par Christian. La fatigue se fait sentir à bord, Romain décide de mettre en place des quarts plus longs pour mieux se reposer. Mais lors d'une conversation, Alex met en doute le record et l'expertise de Christian. Le ton monte entre les deux hommes! Romain décide d'assumer son rôle de skipper, tel que prévu initialement, et de prendre lui-même les décisions. Il décidera donc seul d'un départ ou non le 10, en fonction des paramètres

1. Pin: pièce métallique qui maintient l'embout de latte sur son chariot.

météo qu'il discutera avec Christian, mais aussi de l'avancée des réparations techniques et de leur état physique et psychologique. Il échange beaucoup avec Christian, mais aussi avec Aurélie, qui réalise la tension à bord et lui fait part de son ressenti avec le recul nécessaire à une telle situation.

Ce départ du 10 est-il le bon ? En tout cas, s'il ne l'est pas, la tentative de record risque fort d'être mise à mal, puisque de nouvelles tempêtes sont prévues. Malgré tout, Romain envisage toutes les situations avec Christian, y compris celle de se mettre à l'abri côté Atlantique en retournant par le canal de Beagle vers le détroit de Lemaire et d'y attendre à nouveau quelques jours. Pour lui, il n'est pas question d'abandonner.

Les réparations achevées, la nuit tombe et la question de partir ou non dans 36 heures ne cesse de trotter dans la tête de Romain. Les deux marins se sont expliqués sur ce qui s'est passé et tout est mis à plat. Romain prend son quart, puis c'est au tour d'Alex. La nuit devrait être très calme avant l'arrivée du front prévue le lendemain ! Et puis, ils commencent à bien connaître cette baie de Cook qu'ils ont traversée de long en large et en travers depuis plusieurs jours.

Alex effectue un virement de bord vers minuit à 6 milles de la côte. Le vent léger souffle entre 5 et 10 nœuds. Vers 1 heure du matin, un choc violent secoue l'ensemble du bateau, suivi d'un raclement terrible de toute la coque centrale. *USE IT AGAIN* s'est échoué ! Heureusement sans trop de brutalité, puisqu'ils naviguaient sous voilure réduite et à une vitesse inférieure à dix nœuds.

Romain écrit : « *À une heure du matin locale, réveil par le bateau qui s'est arrêté contre un rocher ! Le bruit horrible de la coque qui se fracasse, du carbone qui craque, le bruit de la dérive qui se coince et se brise dans son puits. Le bateau tape plusieurs fois. Je sors brutalement de ma bannette puisqu'Alex est de quart. Je saute dehors. Où sommes-nous? Que s'est-il passé? De la descente, Alex me dit qu'il s'est endormi et nous avons tracé un bord de 6/7 milles tout droit pour traverser la baie de Cook et finir sur l'îlot Ines Miño. Erreur inimaginable! Moteur en route, on essaie la marche arrière, rien ne vient! On affale la grand-voile, rien ne vient!»*

Les marées sont moins accentuées que chez nous en Bretagne, mais elles existent tout de même. À cette heure, la mer descend et ils vont bientôt se retrouver à sec. En désespoir de cause, Romain a donc démarré le moteur pour essayer de se dégager en marche arrière. En vain! La situation est catastrophique et met non seulement en péril la suite du record, mais aussi leurs vies! C'est la nuit noire, impossible de mesurer l'ampleur des dégâts. Romain prévient immédiatement Christian. Alex et Romain enfilent tous les deux leurs combinaisons de survie au cas où il faudrait évacuer le bateau. À marée basse et au lever du jour, ils ne peuvent que mesurer l'ampleur des dégâts. Par chance, l'épaisseur des algues a passablement amorti le choc et les fonds de coque ne semblent pas fracassés, du moins ils ne le voient pas encore. Évidemment, la dérive qui se trouvait à moitié baissée est en morceaux, mais les gouvernails ne semblent pas touchés, car le bateau s'est échoué sur l'avant! Quant à l'arbre d'hélice du moteur, ils ne peuvent pas le voir, mais il semble tourner. Pour autant, ils n'arrivent pas à bouger le bateau coincé sur les rochers. Il va leur falloir trouver un navire pour les aider à se sortir de là, et rapidement, car le front annoncé arrivera en début d'après-midi. Une course contre la montre débute.

Il est 6 h du matin en France, Christian alerte Aurélie par téléphone, qui elle-même prévient l'équipe. C'est à 6h45 qu'Aurélie, Léa et Constance, responsable de la logistique, se retrouvent dans le bureau de Christian. Léa rédige un communiqué pour la presse, le site web et les réseaux sociaux afin annoncer la situation, après l'avoir soumis à la femme d'Alex et à son attachée de presse. Les différents partenaires sont avertis, pendant qu'Aurélie et Constance, aidées par Christian, cherchent une solution pour sauver le bateau et les marins.

Il y a bien sûr quelques navires dans ce coin perdu, mais à au moins 8 heures de navigation ! On voit leur position, leur immatriculation, sans savoir comment les joindre. L'opération n'est pas simple ! La petite équipe s'en sort bien et réussit tout d'abord à contacter un yacht à moteur appartenant à une compagnie de charter russe. Ils seraient les plus proches et aptes à leur venir en aide, mais, avec probablement de riches clients à bord, ils prennent finalement une direction opposée à celle du trimaran. Ils abandonnent cette piste pour contacter ensuite le capitaine d'un navire scientifique appartenant à une université des pays nordiques. Une fois le contact trouvé et pris, le capitaine propose son aide, mais annonce qu'il ne pourra techniquement pas arriver avant le coup de vent annoncé. Leur bateau est trop loin dans le canal de Beagle et n'est pas conçu pour aller vite. En parallèle, Alex et Romain appellent le gardien du sémaphore avec qui ils étaient en contact régulier depuis leur entrée dans les eaux territoriales chiliennes pour des raisons administratives. Celui-ci alerte immédiatement la base de Puerto Williams, à une centaine de milles du lieu de l'accident, qui décide d'envoyer à pleine vitesse un bateau militaire équipé de deux gros semi-rigides. À ce moment, Romain se demande « à quelle sauce ils vont être mangés », car il s'agit d'un sauvetage et le droit maritime peut exiger d'importantes sommes d'argent pour ce type d'intervention lorsqu'elle est requise comme ici par le naufragé. Mais ils n'ont pas vraiment le choix. Les militaires chiliens arrivent. Bien sûr, ils n'ont jamais vu un multicoque de leur vie et ne connaissent pas forcément la manœuvre à effectuer ! Les secours s'organisent sous la direction de Romain, en attendant l'apogée du flot puisque le bateau s'est échoué au tout début de la marée descendante. D'ailleurs, il ne faudra pas se rater, car les coefficients sont en train de décroître ! Au moment voulu, le bateau flotte à peine. Sans tarder, avec l'aide des deux semi-rigides, grâce à des cordages qui tirent en travers et en poussant le moteur à fond en marche arrière, dans un ultime et sinistre raclement de coque, ils arrivent à déséchouer leur bateau. C'est un énorme soulagement, même s'il faut maintenant rallier Puerto Williams pour s'abriter et dresser le bilan exact des avaries, avant d'envisager la suite. Apaisés, émus, épuisés physiquement et mentalement, mais debout sur leur bateau à flot, Romain et Alex ne cessent de remercier chaleureusement leurs sauveteurs.

Romain raconte : « J'étais tellement soulagé de sentir mon bateau flotter à nouveau ! J'avais envie de leur dire mille fois merci. En revanche, je stressais à propos du budget qu'ils allaient m'annoncer pour cette intervention. Christian m'avait dit que, la plupart de temps, dans ce genre de situation, cela représentait un pourcentage de la valeur du bateau. Je leur ai donc demandé, une fois la manœuvre réussie et après les avoir remerciés, s'ils savaient ce qu'on leur devait, en leur signalant que je n'avais pas d'assurance pour cela. Ils m'ont demandé combien valait mon bateau et je leur ai répondu en rigolant : "Vu son état aujourd'hui, il ne vaut plus rien !" La discussion s'est terminée là-dessus en attendant le rendez-vous avec le bureau administratif de Puerto Williams. »

Pour ne pas endommager plus sévèrement la coque, ils s'éloignent lentement au moteur, accompagnés par le navire chilien qui les guide et ouvre la route. Au bout de onze heures d'un convoyage pénible contre un vent sous courant alternatif qui souffle dans le mauvais sens et les fait dériver parfois dangereusement, car ils n'ont plus de dérive, ils atteignent enfin, à la nuit tombée, le havre hospitalier de Puerto Williams où les attendent Éric et Tanguy, deux Français qui naviguent entre la Terre de Feu et l'Antarctique à bord de leur voilier d'expédition *Vaïhéré*. Constance et Aurélie avaient réussi à les contacter pour qu'ils aident Romain et Alex à trouver un mouillage adapté à leur trimaran de 23 mètres. Ainsi, avec leur précieux soutien, à 4 heures du matin, dans un noir d'encre, *USE IT AGAIN* est amarré à un mouillage face à la marina.

Romain écrit dans le livre de bord : « *En éteignant le moteur au mouillage de Porto Williams, j'ai le bourdon ! Tout ce projet de record est fini ! Ambiance pesante, je vais me coucher dans ma bannette le cœur gros, sans dire un mot.* »

Escale forcée en Patagonie

L'accueil dans ce mouillage isolé du territoire chilien en Patagonie s'avère formidable. En réalité, c'est probablement la première fois qu'un grand multicoque se trouve amarré devant le port. Ils sont accueillis immédiatement par les quelques Français qui leur offrent un repas chaud à bord de leur bateau. Ils n'auront pas le droit de poser pied à terre, hormis en compagnie des militaires pour les démarches administratives, et une fois leur test COVID validé par l'infirmière de la base militaire. Finalement, tout s'arrange avec les autorités chiliennes, qui ne réclament aucune contribution financière pour leur intervention et qui se disent heureuses d'avoir aidé un bateau français à surmonter cette épreuve. Un vrai soulagement pour Romain. En revanche, l'examen approfondi de la coque centrale n'est pas rassurant. À l'avant, deux compartiments étanches sont remplis d'eau, ce qui signifie des impacts traversants. Il va falloir sortir le bateau pour pouvoir réparer et cela ne peut se faire dans ce petit port qui ne dispose d'aucun moyen de levage ni d'infrastructures convenables. La seule solution sera de gagner Ushuaia, située à une centaine de milles de l'autre côté du canal de Beagle, côté argentin. C'est une ville touristique bien plus grande, base de départ des excursions antarctiques, avec un port qui accueille régulièrement de gros bateaux dont les paquebots du groupe Ponant et un aéroport international. Toutefois, compte tenu de l'animosité permanente qui règne entre Argentins et Chiliens, l'arrivée d'un bateau venant du territoire chilien risque de ne pas être bien perçue ! Le problème est rapidement réglé grâce à la diligence des douaniers chiliens qui acceptent de ne pas déclarer le passage du bateau dans leurs eaux territoriales !

Au bout de deux jours d'escale, un test COVID, une déclaration administrative et quelques menues réparations, ils peuvent repartir au moteur, sous voilure réduite, sans dérive, pour rejoindre péniblement Ushuaia, face au vent, où va être décidée la suite du programme. Plutôt que d'envisager un retour toujours possible du bateau par cargo, Aurélie convainc facilement Romain de continuer l'aventure USE IT AGAIN en l'adaptant et d'aller ainsi au bout du projet. Le record est bien sûr oublié et mis de côté à cause de l'escale et de l'assistance, mais le tour du monde peut être poursuivi avec des arrêts permettant des rencontres inspirantes de porteurs de projets pour la planète et Romain peut continuer ainsi à mettre en valeur la nécessité d'une économie circulaire. Cela restera possible à condition de repartir, selon Christian Dumard, avant la mi-mars et l'arrivée de l'hiver austral, soit dans un mois à peine !

Mi-février, au ponton rustique du Yacht Club Afasyn d'Ushuaia, Romain se retrouve seul sur son bateau déchiré dont la pompe de cale marche en permanence, le moral dans les chaussettes, vidé après onze jours de calvaire éprouvant. Il a décidé de rester dormir à bord pour ne pas quitter son bateau abîmé. À peine arrivé, Alex décide d'abandonner le projet, refusant de participer aux réparations pour rentrer immédiatement en Europe.

Resté seul à Ushuaia face à ses problèmes, Romain va trouver de l'assistance auprès de l'équipage d'un navire du Ponant, en escale technique imposée par des cas de COVID décelés parmi ses passagers. Par le plus grand des hasards, Louis Dumard, le fils de Christian, se trouve à bord en stage dans la marine marchande. Il lui présente le commandant Christophe Collaris, qui accepte avec enthousiasme de l'aider. Pendant quelques jours, avant de repartir, celui-ci met à la disposition de Romain une équipe de volontaires pour l'aider à désarmer entièrement son bateau, ce qui n'est pas une mince affaire sur un trimaran de course de 23 mètres où tout est grand et lourd. Ensuite, la question est de savoir qui répare le bateau et comment. Faut-il envoyer une équipe de préparateurs spécialisés et du matériel de France pour effectuer les travaux ? Les déchirures de la coque en carbone kevlar nécessitent l'intervention de techniciens qualifiés introuvables à Ushuaia, tout comme le carbone ou les résines nécessaires à la stratification. Qui plus est, l'architecte Benoit Cabaret n'est pas optimiste quant à la possibilité de réparer convenablement sur place, compte tenu des délais, des ressources et de la météo scabreuse.

Pour Romain et Aurélie, il n'est pas question de mettre le bateau sur un cargo ou de rentrer avec une réparation de fortune. On doit trouver une solution pour que *USE IT AGAIN* puisse terminer son tour du monde à l'envers, mais pas dans n'importe quelles conditions, car il leur paraît essentiel de minimiser un bilan carbone forcément plus important que celui d'un record aller-retour Lorient-Lorient.

Aurélie explique : « À ce moment-là, nous avons décidé de tout mettre en œuvre pour réparer le trimaran afin qu'il puisse repartir dans les meilleures conditions vers l'ouest. Notre bateau est à l'autre bout du monde, mais il est hors de question d'expédier de France une horde de préparateurs avec des caisses entières de matériel, comme le feraient probablement, par facilité, d'autres équipes de course au large. Il faut trouver des solutions moins impactantes pour l'environnement. Tout en rassurant l'architecte, on réfléchit à faire appel à des hommes et du matériel sur place. Je me rendrai également là-bas, car Romain a besoin de moi pour prendre le relais logistique du chantier. Le reste de l'équipe nous aidera à partir de la France. Nos enfants m'accompagneront, car on ne sait pas combien de temps nous allons rester et je pense que Romain a vraiment besoin de repos en famille pour se remettre et attaquer la suite de l'aventure. »

Aurélie et Constance dénichent alors en France deux « mercenaires » spécialistes en composite attirés par cette mission du bout du monde. Jean et Alain pourront épauler Romain dans les manutentions du bateau et encadrer une équipe locale qui effectuera la stratification de la coque en apportant le matériel nécessaire. Trois spécialistes du composite argentins d'un chantier de Buenos Aires semblent également disponibles pour compléter l'équipe. Les discussions prennent du temps, mais, heureusement, il reste quelques jours avant le début du chantier.

Avant d'envisager de commencer les travaux sur le trimaran, il faut trouver le moyen de le mettre à terre. En canot à moteur et en voiture, Romain a fait le tour de la baie d'Ushuaia maintes fois afin d'étudier toutes les alternatives locales possibles, explorant chaque pouce de terrain accessible en bord de mer. Le seul espace disponible est un petit rectangle de verdure proche du Yacht Club, dont l'accès est restreint par une barge posée à moitié sur la berge et qui bloque l'accès au lieu négocié avec le club. Le projet est vite abandonné, car l'exiguïté des accès empêche la venue d'une grue et, de toute façon, le grutier refuse de manœuvrer à cet endroit. Au bout de dix jours sombres à Ushuaia, passés à préparer la mise à terre du bateau, l'éclaircie va venir enfin grâce aux relations d'Aurélie et Romain et à Emmanuel Lenain, ambassadeur de France en Inde, rencontré lorsqu'ils vivaient à Shanghai. Celui-ci se fait un plaisir d'aider un compatriote dans la difficulté lors de son aventure extrême. Il contacte son homologue à Buenos Aires, qui débloque aussitôt la situation auprès de la marine argentine ! Si bien qu'au bout de quelques heures le responsable de la base navale vient à bord et propose à Romain un emplacement sur le terrain militaire !

Aussitôt dit aussitôt fait, avec l'aide des amis rencontrés sur place, le bateau est démâté, puis déposé sur 9 étages de 140 palettes en bois, de seconde main (!) et capables de supporter son poids. Habituellement, pour poser un trimaran de cette taille à terre, on se sert d'une énorme grue avec un grutier expérimenté pour la manœuvrer. Ensuite, on utilise des bers[1] fabriqués spécialement pour caler le bateau et supporter son poids aux endroits les plus renforcés de sa structure. Aurélie a donc travaillé en amont avec l'architecte du bateau pour imaginer ce système de palettes en bois disposées à des endroits

1. Bers : berceaux.

bien précis sous la coque et permettre les réparations. Quant au grutier inexpérimenté, c'était la seule possibilité dans la région, il fallait faire avec.

Romain raconte cette manœuvre de sortie de l'eau difficile et angoissante : « *Le 23 janvier au matin, à 8 heures 45, nous quittons le ponton du club et, comme convenu, nous prenons la direction du quai de la base de l'Armada argentine. Je suis avec mes équipiers, Alain et Jean, auxquels s'est rajoutée Marion. Autonome, vive, débrouillarde, elle connaît la voile et trouve sa place dans l'équipe. Nous sommes rejoints par d'autres amis, Pavel, le Tchèque, Arnaud, chirurgien français de passage, François et Anaël, propriétaires d'un voilier en escale ici. Tout se passe facilement, car il n'y a pas de vent. Le grutier arrive et les opérations vont débuter. Intérieurement, je sens la tension monter, car le grutier ne connaît pas la manœuvre. Tout va assez vite, on prépare les haubans prêts à être choqués ainsi que l'étai*[1] *de J1. Alain monte au mât, car je veux que ce soit lui qui installe les deux élingues d'amarrage prises l'une dans l'autre, pour faire une cravate placée sous les cadènes de bastaques*[2]*. Le crochet est en place. Je range les derniers haubans et les bouts qui peuvent traîner. Zut, le pied de mât part un peu vite et un peu fort ! Rien de grave. Alain est posé et rassurant. Il connaît les manœuvres des trimarans Ultim pour avoir travaillé sur le* Prince de Bretagne *de Lionel Lemonchois. Le mât est soulevé doucement par la grue, puis posé perpendiculairement au quai. Tout est assez lent et un peu stressant. C'est moi qui installe le Dyneema*[3] *autour du bras et de la base du mât. Les grutiers argentins ne connaissent pas ce type*

1. Étai : câble qui maintient le mât sur l'avant.
2. Bastaques : câbles amovibles qui maintiennent le mât sur l'arrière.
3. Dyneema : fibre textile 15 fois plus solide que l'acier.

de textile et n'utilisent que de grosses élingues métalliques. La mise en place est longue. Le mât est mis à l'horizontale et posé sur trois étages de palettes et de mousse. Le pied de mât arrive tout au bout du terrain. La longueur n'a pas été correctement calculée, ça passe juste. Maintenant, c'est au tour de la plateforme ! Rapidement, nous préparons les deux grosses sangles de 8 mètres qui servent d'élingues. Je choisis de placer les manillons de leurs énormes manilles dans les anneaux inox de mes cadènes de galhaubans[1]*. À l'avant, je rallonge la sangle de 8 mètres trop courte avec 15 tours de Dyneema ! On commence à lever ! Le grutier annonce qu'il est à 120 pour cent de sa charge ! Quelque chose ne va pas. Avec sa grue de 80 tonnes, il n'est pourtant pas loin du quai. Il doit reposer le bateau à peine sorti de l'eau pour repositionner sa grue d'un ou deux mètres. J'en profite pour améliorer l'assiette longitudinale du bateau en modifiant la longueur des sangles et on reprend l'opération. Inquiet, le grutier annonce un poids à vide de 10 tonnes. Impossible ! J'appelle Benoit Cabaret qui me confirme qu'il peut y avoir une tonne d'écart. À mesure que le bateau se soulève doucement, nous mesurons l'ampleur des dégâts ! Le grutier n'est pas à l'aise. Pas expérimenté dans ce type de manœuvre, il répète qu'il est en surcharge, la grue est au bord du quai et il demande que le bateau soit collé contre. Nous devons pousser de toutes nos forces pour que le flotteur ne touche pas l'échelle du quai ! Heureusement qu'il n'y a pas de vent ! Pour finir, ça passe au plus juste, tout proche de la grue. On le tourne pour placer les étraves vers le nord ; ce n'est pas le plus indiqué, mais on n'a pas le choix. Le chef de base se montre coopératif : nous pouvons poser le bateau où nous voulons, à condition de ne pas gêner l'accès aux bâtiments militaires. Sous le bateau en suspension, Jean, Pavel et Anaël*

1. Pièces métalliques qui relient les haubans à la coque sur le bateau.

élèvent des tours de palettes de près de 3 mètres de haut! Le stress s'amplifie. Seront-elles suffisantes pour supporter le poids du bateau? Quelques craquements et tout se stabilise! Ouf, le bateau est posé! Il est 17 heures et on va pouvoir s'attaquer à la suite.»

Il reste maintenant à effectuer au plus vite les réparations. Jean et Alain sont venus pour cela, mais ne disposent d'aucun matériel. Ils comptent sur les ouvriers contactés par Aurélie et intervenus précédemment pour la réparation d'un voilier de la Volvo Ocean Race en escale à Ushuaia. Ils devraient se montrer compétents! En tout cas, Romain et Aurélie leur font confiance. Tout cela coûte la somme rondelette de 30000 dollars US qu'Aurélie va devoir virer en urgence pour que les ouvriers se déplacent, et avec un soupçon d'inquiétude, car elle le fait à partir d'un compte bancaire à Miami, sans être assurée qu'ils arrivent à Ushuaia!

Pour finir, tout se passe bien grâce à une équipe hyper efficace et ultra professionnelle qui travaille sans relâche du lever au coucher du soleil. Les réparations majeures de la coque, orchestrées par Jean et Alain, sont exécutées en cinq jours à peine, alors que l'architecte en prévoyait quinze au minimum. Reste à achever les réparations de la dérive, la chaise d'arbre d'hélice et panser toutes les petites plaies du bateau.

Aurélie est arrivée avec les enfants à Ushuaia, après une escale à Buenos Aires afin de récupérer un passeport pour Romain, le sien expirant dans quelques mois et inopérant pour la suite du tour du monde. Titouan et Colas ont profité de cet arrêt pour animer une conférence de sensibilisation à la protection de l'océan au lycée français de Buenos Aires. Cela leur arrive régulièrement, car ils sont tous deux ambassadeurs de l'association

Children for the Ocean, qui vise à sensibiliser, par l'intermédiaire des adolescents, les enfants des écoles primaires aux enjeux de l'océan. Leur vie en Chine et leurs voyages en compagnie de leurs parents les ont naturellement conduits à s'intéresser à la protection de l'environnement en leur donnant envie de s'impliquer dans une association. Ils ont d'ailleurs décidé de prendre contact avec des écoles locales à l'occasion des escales de Romain en Polynésie, puis à Cape Town où ils devraient accompagner Aurélie. Ainsi, ils pourront dire qu'ils sont allés un peu à l'école ! En réalité, dans la famille Pilliard, cela fait longtemps que les enfants ratent plusieurs mois de classe chaque année. Cela leur réussit plutôt bien, puisque l'un et l'autre poursuivent une scolarité sans encombre. Ils ne sont jamais aussi brillants en classe que lorsqu'ils ont quitté l'école depuis plusieurs mois ! Il y a tant à apprendre au cours de leurs voyages !

À Ushuaia, c'est Colas, du haut de ses quatorze ans, qui se montrera d'une grande aide en s'occupant de Jodie, la benjamine, pendant que sa mère s'affaire à la logistique de fin de chantier et la mise à l'eau..., mais aussi au marquage du bateau et à la recherche de partenaires. En effet, cette nouvelle version du tour du monde présente un coût plus élevé que celui initialement prévu et oblige Aurélie – dont ce n'est pas la partie préférée – à se démener depuis le jour de l'accident pour trouver un complément de budget. Finalement, Aurélie, avec l'aide de celui qu'ils appellent affectueusement tonton Ludo, qui n'est autre que l'ancien directeur marketing de son premier sponsor de 2018 et avec qui il a gardé d'excellentes relations, a réussi à convaincre leur mécène Extia de devenir leur sponsor-titre. Son nom figure maintenant en grand sur la coque, la grand-voile et une voile d'avant, grâce à une petite entreprise locale pas vraiment spécialiste de ce genre de marquage. Enfin, dans un temps record, le budget est bouclé et le bateau est prêt à reprendre la mer sous ses nouvelles couleurs.

Avec l'aide de Christian, Romain et Aurélie ont dessiné la suite du programme de navigation auquel Aurélie ajoute des points de rencontres avec des ONG, des écoles et des instances gouvernementales. Elle explique: « Le but de ce tour du monde à l'envers est toujours le même. Il faut sensibiliser le plus grand nombre à la protection de l'océan et au changement de nos modes de consommation. Ce ne sera plus par le biais du défi ultime du record, mais par la narration de Romain de ce périple inédit en multicoque et la rencontre avec les populations locales lors des escales. Après un tel accident, il ne serait pas raisonnable d'envisager la suite du tour du monde sans faire de haltes. Nous avons prévu un premier stop en Polynésie pour faire un point technique. Il est décidé que Romain naviguera en double sur cette portion du parcours, afin d'envisager sereinement les réparations en mer d'avaries toujours possibles, car, avec l'arrivée de l'hiver austral, il lui serait difficile d'opérer un demi-tour. Cette traversée vers Tahiti est déterminante dans le programme. Il repartira ensuite en solitaire vers Cape Town où il embarquera notre fils aîné, Titouan, pour une remontée de l'Atlantique à deux. Chacune de ces escales sera l'opportunité de porter notre message de *USE IT AGAIN* au bout du monde. »

Pour rejoindre Le Cap, le bateau remontera d'abord le long des côtes chiliennes jusqu'à trouver les alizés de sud-est et atteindre Tahiti, puis il poursuivra dans le Pacifique sud vers l'équateur en passant au nord de l'Australie, jusqu'à la pointe méridionale du continent africain, en rasant l'île de La Réunion et Madagascar. Pour le début de cette navigation, qui promet d'être difficile pour l'équipage et le matériel, au moins jusqu'à la latitude de Valparaiso, Romain embarque le commandant du Ponant, Christophe Colaris, avec lequel il a sympathisé, après que celui-ci l'a bien aidé avec son équipe pour désarmer le bateau avant sa mise à terre. Passionné par ce projet de navigation à la voile sur ce trimaran de légende, le commandant est prêt à prendre quelques semaines de vacances, quitte à partir sans les visas nécessaires. Il n'est pas vraiment spécialiste de voile en multicoque, mais apte à la navigation et aux exigences des quarts grâce à sa formation de capitaine au long cours.

Un nouveau départ : d'Ushuaia au Cap

Le 16 mars, c'est le jour du grand départ, comme le symbole d'une nouvelle renaissance pour ce trimaran qui a failli terminer sa vie sur des rochers chiliens. « USE IT AGAIN and AGAIN ! » Il est 6 heures 30 quand Romain et toute sa petite famille retrouvent l'équipe sur le quai glissant, fait de bric et de broc, où est amarré le trimaran. Il fait nuit et humide, la neige commence à tomber. Christian a demandé à Romain de partir avant 7 heures du matin, car la fenêtre météo ne restera pas favorable longtemps. Il faut faire vite pour quitter les canaux de Patagonie et partir vers l'ouest. Christophe arrive au dernier moment, directement en provenance du Chili où il a fait escale avec son navire du Ponant. Pour arriver à temps, il a dû franchir la frontière à pied, de nuit, pour récupérer un bus de l'autre côté. Il est finalement au rendez-vous et l'équipage quitte la terre au plus vite, car la météo n'attend pas ! L'émotion est palpable dans cette ambiance presque mystique, sur le bateau comme sur le quai, où l'équipe et la famille réunies voient s'éloigner lentement le trimaran dans la brume et la neige. Aucun photographe ni cameraman n'est présent, seul un téléphone portable permet d'immortaliser ce moment.

Au début, la navigation ne se montre pas si pacifique ! Il faut ressortir du canal de Beagle en repassant devant l'endroit du naufrage, se retrouver dans ces lieux maudits face au vent et aux courants, subir des averses de neige, car l'hiver est proche, remonter cahin-caha le long de la côte chilienne, déchiquetée, terriblement inhospitalière, parsemée d'épaves, sans abri possible jusqu'aux havres de Conception et de Valparaiso.

Dans son livre de bord, Romain revient sur ce nouveau départ avec son nouveau compagnon: «*On avait dit qu'il faudrait partir pour le 15 mars et nous y sommes! Quel exploit! Nous revenons d'une situation incroyable. Comment, d'un bateau posé sur des rochers au milieu de la baie de Cook dans les canaux de Patagonie, a-t-il été possible de retourner la situation et repartir avec plus de partenaires et de visibilité? Nous y sommes, ce tour du monde d'est en ouest se poursuit et nous ne lâcherons rien!*»

Comme prévu, les premiers jours ne sont pas faciles, mais les conditions s'améliorent au fur et à mesure que les navigateurs gagnent dans le nord. Christophe, le nouvel équipier de Romain, lui permet d'être moins sous tension et de bien récupérer pendant ses périodes de repos. La chaleur revient! Petit à petit, ils arrivent à prendre de l'ouest et, au bout de dix longues journées, ils ont le bonheur d'apercevoir sur l'horizon les contours d'Eastern Island, la mythique île de Pâques, en même temps que se lève un tiède alizé de sud-est qui leur permettra d'avancer tout droit au portant jusqu'à la Polynésie française.

Extrait du livre de bord, le 2 avril: «*Les jours s'enchaînent. Depuis deux jours, c'est plus facile pour le bateau et pour nous. On est monté hier à 7° sud et on vient de 57° sud. C'est énorme, on a fait un gros bout du chemin et une belle traversée. Nous descendons vers les Marquises que nous allons traverser de nuit avant d'arriver à Papeete, ETA le 4 au soir!*»

Le 5 avril, ils arrivent à Papeete, au bout de trois semaines de navigation en double que Romain qualifiera globalement de «très sympa», surtout depuis leur entrée dans les eaux tropicales, après avoir échangé les albatros contre les poissons volants ! Accueillis avec ferveur par les Tahitiens du club de voile venus à leur rencontre en voiliers traditionnels, par les danseurs locaux et les grands médias, l'arrivée de l'équipage de *USE IT AGAIN* ne passe pas inaperçue ! Sont aussi présents, entourant Aurélie et les enfants, bon nombre de locaux dont son ami navigateur Jack Vincent, accompagné de toute la communauté de marins tourdumondistes installés dans cette contrée paradisiaque. Sur le ponton de la marina Taina de Papeete, Romain et Christophe bénéficient d'un accueil polynésien avec danses marquisiennes, colliers de fleurs de tiaré, noix de coco, danses locales et même un hakka néo-zélandais réalisé par Titouan et Colas qui l'ont appris lors de leur séjour là-bas. Sur place depuis quelques jours afin de préparer leur arrivée, Aurélie a rencontré le personnel du port afin de trouver une place appropriée à ce trimaran de taille hors norme et réservé un petit semi-rigide pour aider à la manœuvre d'accostage. Elle a aussi préparé la communication, rencontrant les médias locaux contactés en amont par Léa, mais aussi un photographe-caméraman pour réaliser des images de drone pour l'arrivée. Une fois le bateau amarré, Romain va pouvoir souffler un peu. Il passe tout de même plusieurs jours à faire le tour de tous les postes techniques du bateau, à contrôler minutieusement les réparations effectuées à Ushuaïa, avec l'aide de deux locaux d'une trentaine d'années, Micka et Benji, travaillant l'un au club nautique et l'autre à la réfection de voiliers. Constance et Aurélie les ont recrutés en passant des annonces et en cherchant dans leur réseau afin d'éviter encore une fois de déplacer des préparateurs techniques depuis la France, dans un souci de minimiser leur impact. Romain leur confie le bateau avec la liste d'entretien et de vérifications à effectuer, ce qui va lui permettre de se consacrer à des actions de sensibilisation à la protection des océans et l'économie circulaire dans les écoles, mais aussi à des rencontres avec des associations locales, initiées depuis la métropole par l'équipe à terre. Avec toujours cet objectif de mettre en avant les porteurs de solutions pour la préservation de la planète et de leur donner de la visibilité grâce à la médiatisation de *USE IT AGAIN*. Parmi les associations locales, Romain, toujours accompagné d'Aurélie et de leurs trois enfants, rencontre Jonathan, fondateur de l'ONG Ninamu Solutions qui lutte contre le gaspillage alimentaire et la «malbouffe», avec un programme d'éducation des jeunes dans les écoles et la création de potagers et de composts alimentaires. Ils font aussi la connaissance de Charlotte d'Océania, une association qui protège chaque année des dizaines de baleines de la collision avec les vedettes à passagers qui font la navette entre Moorea et Tahiti, en embarquant sur ces bateaux des «veilleurs» dont l'unique objectif est de repérer les baleines et de les signaler au commandant pour les éviter. Ils rejoignent aussi un groupe de l'association Les bourdons de Moorea, qui nettoie le bord des routes de l'île. Ils le font souvent en famille, sur les plages, ou avec des associations en Bretagne comme Les Mains dans le Sable. Ils constatent tristement que, même sur une île si jolie, la majeure partie de la population néglige les gestes basiques de gestion des déchets. Ainsi, les petites bouteilles de sodas ou les sachets individuels de biscuits ou de chips pullulent partout dans les arbustes, les bords de trottoirs..., c'est désolant. Heureusement, certains habitants de l'île sont très actifs pour sensibiliser et ramasser les déchets, en souhaitant que l'ensemble de la population prenne rapidement conscience du problème.

Enfin, parmi toutes ces associations, ils apprécient une rencontre «coup de cœur» avec Titouan Bernicot, fondateur de Coral Gardeners, et ses parents bretons! Ce jeune surfeur de Tahiti a décidé, avec ses copains, de sauver les coraux de Polynésie si utiles à la vie de l'océan, mais qui subissent de plein fouet le changement climatique : à cause de l'acidification de la mer due à son réchauffement, les coraux blanchissent puis meurent. Romain devient ambassadeur de l'ONG, tandis que Titouan et Colas aident l'équipe plusieurs jours durant en nettoyant avec eux, en apnée, les nurseries de coraux…

Reposé et enrichi de toutes ces rencontres, au bout d'un mois d'escale, son bateau vérifié minutieusement, Romain se sent prêt à repartir. Il a même très envie de le faire en solitaire, cette fois-ci, pour se retrouver seul sur son bateau jusqu'à Cape Town, à travers les immenses océans Pacifique et Indien. Une longue route d'environ 8500 milles, soit 15700 kilomètres, trois fois la traversée de l'Atlantique, en passant par des zones où presque personne ne navigue. Une belle aventure qui se profile devant les étraves du trimaran. Le 28 avril, après quelques interviews organisées avec les médias locaux, Romain embarque sa famille, les préparateurs et son ami Jacques Vincent, de Tahiti à Moorea, où il a donné rendez-vous à l'équipe de Coral Gardeners, basée sur cette petite île. Après les au revoir et une fois débarqué tout ce petit monde, c'est le grand départ vers Cape Town ! Le jour commence à tomber, le vent souffle à 30 nœuds et la mer est formée.

Contre toute attente, le début de cette immense navigation n'est pas simple. Les alizés sont quasi inexistants. Le vent se montre très irrégulier, avec des alternances de grains violents et de calmes languissants.

Extrait du livre de bord, le 3 mai : « *Du mal à faire du sud pour aller chercher le flux d'est-sud-est. Suis toujours avec mes 3 ris et mon J3 bien ouvert. Le vent monte, jusqu'à 38 nœuds en rafales. Il y a plus de 5 mètres de creux. Le bateau passe bien, mais j'ai la boule au ventre depuis quelques heures, car il y a de belles sorties de route. 17h15, je me fais éjecter de ma couchette et manque de me manger la cuisine pendant que j'écris ces lignes. La mer est forte, attention à bien se tenir.»*

Les quelques jours de vent portant et de mer assez forte ne sont pas reposants, mais permettent à Romain de bien avancer et d'enchaîner de belles journées en direction du nord de l'Australie, avec une moyenne de 350 à 420 milles nautiques quotidiens. Pour autant, cette navigation en solitaire lui paraît longue et vertigineuse. Il écrit dans son livre de bord, le 5 mai: *«Ce matin, le moral est moyen. Je me sens seul et loin. Je ne comprends pas. Qu'y a-t-il de différent avec hier où je me sentais si bien? Même allure, même vitesse. La navigation n'est pas trop stressante, mais je me demande quand même si Moby va tenir, va être assez solide, surtout les voiles, en fait. Parfois, la tristesse m'envahit, une musique, une pensée négative, comme la maladie de mon frère Matthieu... J'essaie de devenir positif et de profiter pleinement de cette navigation, mais parfois les émotions négatives m'envahissent. Finalement, je réalise que je suis un homme chanceux et heureux.»*

Le 7 mai, Romain passe avec un pincement au cœur la longitude de la Nouvelle-Zélande, son pays d'affection, où Titouan et Colas sont allés étudier pendant qu'il était en mer. Les vagues de l'océan Pacifique ne sont toujours pas tendres et les conditions restent musclées. Extrait du livre de bord: *«À bord, tout va bien, mais je suis inquiet pour le matos. Ce soir, je découvre que la latte 4 commence à sortir de son gousset. Affaler ou pas? Pour l'instant non; je vérifie souvent si ça évolue. C'est dur de voir souffrir le bateau dans cette mer de plus en plus forte, mais j'ai vraiment confiance en mon bateau; on est allés vite aujourd'hui, régulièrement à 30 nœuds.»*

Les milles défilent et voilà que *USE IT AGAIN* pénètre dans la mer de Corail, entre la Nouvelle-Calédonie et l'Australie. Malgré quelques réparations comme l'hydrogénérateur, la drisse de gennaker ou les lattes de grand-voile, Romain trouve son rythme et parvient enfin à cette plénitude et cette osmose avec son bateau et l'océan qu'il était venu chercher.

Extrait du livre de bord, le 8 mai : « *Ça y est, je me sens bien ! Pourquoi ? Comment ? Je ne saurais pas vraiment l'expliquer. Je me sens l'âme du voyageur navigateur. Malgré les avaries, j'adore mon bateau et j'en profite totalement. La solitude ne me pèse pas du tout, je l'apprécie même ! À ce moment précis, mon bateau d'amour navigue correctement et je profite pleinement de la mer. Quelle liberté j'ai sur mon bateau… ! Je regarde la carto : à tribord, je suis à 150 nautiques de la Nouvelle-Calédonie et côté bâbord, à 500 nautiques de l'Australie, c'est dingue !* »

Malheureusement, ce bonheur sera de courte durée, la mer devient démontée, maltraite le marin et son navire ; les houles d'ouest et de sud se croisent avec des vagues de plus en plus violentes. Le vent monte, le bateau surfe, cogne. La météo est en train de changer, il fait de plus en plus chaud, les orages éclatent et il tombe des seaux d'eau. Lors d'un empannage forcé causé par une vague perfide, la grand-voile percute la bastaque et quatre lattes se brisent. Romain est dépité : il va falloir les réparer rapidement, car les lattes brisées risquent d'abîmer la voile. Elles sont immenses, la plus grande mesurant plus de 7 mètres de long. La manœuvre est vraiment compliquée, seul et avec une mer aussi forte, ne serait-ce que pour la retirer ou l'enfiler dans son fourreau. Avec l'assentiment de son équipe technique, il se résout finalement à envisager une escale technique avant Cape Town. Il pense alors se détourner vers l'Australie pour réparer. C'est l'escale la plus proche, avec toutes les chances de trouver de l'aide technique sur place. Son équipe à terre prend contact avec les autorités locales et le port de Darwin, mais les Australiens ne se montrent guère coopératifs, réclamant vingt pour cent de la valeur du bateau en droits de douane pour l'accueillir à quai ou même amarré à une bouée! De plus, en Australie, on ne peut pas accoster sans confier à l'arrivée tous les vivres du bord. La peur de laisser pénétrer bactéries et microbes apportés par les bateaux pousse les Australiens à confisquer tout ce que contiennent les voiliers qui accostent. Il n'est donc pas question d'y faire escale et la solution qui lui reste est de rejoindre la Papouasie-Nouvelle-Guinée et sa capitale, Port Moresby, une ville qui, sur le papier, possède le plus fort taux de criminalité au monde, avec 150 meurtres par an pour seulement 300000 habitants, mais qui se révélera une très belle escale pleine de surprises!

Aurélie et Constance cherchent alors des contacts locaux pour aider Romain à réparer. Mais ce port du bout du monde ne possède aucune voilerie ou base technique. Romain devra faire avec ce qu'il a à bord pour réparer et trouver lui-même les personnes pour l'aider. En attendant, il reste encore au moins 3 ou 4 jours de navigation avant de faire escale et les orages s'intensifient avec des éclairs incessants qui se rapprochent souvent du trimaran. Ce phénomène météo est fréquent dans cette région du nord-est de l'Australie où la mer est de plus en plus chaude. Ces épisodes d'orage stressent Romain au plus haut point.

Le 11 mai, il écrit dans le livre de bord: «*Il y a des rafales à 40 nœuds, j'ai une mer qui me fait dévaler des pentes… Hallucinant! La houle est croisée, pourrie, mais quand une belle vague se forme, je pars en surf. Il pleut à l'horizontal, c'est dingue. L'eau de pluie est chaude et il pleut tellement que le cockpit ne se vide plus! Surréaliste… Et il y a les éclairs et le tonnerre, PUTAIN je suis où? Je crois qu'il y a un dieu qui ne veut pas que je passe.*» Romain ne donne ensuite que peu de nouvelles jusqu'à quelques milles avant son arrivée à Port Moresby. Il ajoute: «*Je ne veux plus échanger ni parler… Je dors dès que c'est possible, c'est l'enfer!*»

Enfin, en approche de la terre, les conditions se calment et Romain commence à préparer son escale, car il sera seul, là-bas. Il n'est pas question d'envoyer quelqu'un sur place pour l'aider, c'est trop loin, trop difficile d'accès, il faut passer par l'Australie, faire une demande de visa, etc. Romain se doute que cela ne va pas être simple, mais c'est comme ça et il s'y prépare. Il imagine d'abord sa manœuvre d'accostage sur le quai prévue avec la capitainerie du port. Une manœuvre qu'il va devoir gérer sans équipier et semi-rigide d'assistance, ce qui s'avère très compliqué, compte tenu de la taille du bateau, ses 23 mètres de long et ses 16 mètres de large, dans un port qu'il ne connaît pas. Il doit aussi prévoir un pavillon jaune à arborer dans la mâture en approche du port et à garder jusqu'à ce que les douaniers passent à bord pour leurs vérifications habituelles. C'est une règle maritime internationale qui est parfois oubliée dans certains pays, mais apparemment extrêmement importante en Papouasie. Problème : Romain n'en a pas à bord. Il se demande où trouver un tissu jaune qui ferait l'affaire. Le tissu intérieur de son sac de couchage semble parfait ! Il en découpe un morceau en forme de pavillon et le voici paré à découvrir Port Moresby !

Le 15 mai, dans l'après-midi, Romain accoste dans la marina, la manœuvre est fluide, malgré le peu de hauteur d'eau. Il l'avait bien préparée, avec l'aide de deux locaux montés à bord et un ponton facilement accessible, heureusement. Une fois les démarches administratives obligatoires achevées avec les douanes, Romain est invité par son voisin sur sa vedette à moteur. Son propriétaire, un Australien installé depuis une dizaine d'années dans le pays, lui propose de profiter de sa douche de bord et lui fait livrer pizza et bière. Le bonheur pour Romain, épuisé et accablé par la chaleur humide qui caractérise le pays. La marina est ultra moderne, mais ne présente pas les services de son équivalent en Europe, dénuée de service de voilerie ou autres prestataires techniques. Romain sait qu'il devra se débrouiller pour trouver de l'aide dans ses réparations, notamment une machine à coudre et un endroit pour étaler ses voiles, ainsi qu'un procédé pour rafistoler ses lattes. Malgré le peu de Français présents dans ce pays d'obédience anglo-saxonne, il rencontre notre ambassadeur et sa femme, Olivia de Saint-Luc, une artiste immédiatement séduite par le projet USE IT AGAIN. Elle lui propose de l'aider à trouver des locaux et de travailler avec lui aux diverses réparations. Ils finissent par dégoter un atelier de réfection de bâches de camions qui accepte de leur louer un bout de hangar en mezzanine pour déplier les voiles et les recoudre. Il en profite aussi pour rapiécer son sac de couchage avec le morceau jaune devenu pavillon éphémère. Romain raconte: «Là, on est vraiment dans le USE IT AGAIN, bien loin d'une voilerie bretonne. J'adore ce genre de rencontres et de situations, elles font partie des belles surprises d'un voyage. Je n'avais pas prévu de venir ici, jamais je n'aurais pensé me retrouver dans cette situation, mais il faut savoir profiter aussi de ce genre de hasards de la vie!»

Pour les lattes, cela s'avère plus compliqué que prévu. Un régatier australien promet à Romain de les lui réparer solidement, mais lui propose une prestation plutôt chère qui lui demande plusieurs jours. Après avoir hésité, Romain décide finalement de lui confier ce travail, dépensant lui-même beaucoup de temps et d'énergie à résoudre les autres problèmes, d'autant plus que la chaleur ambiante ne permet pas de travailler toute la journée.

Les jours se suivent. Romain enchaîne les heures de boulot pour réparer ses voiles d'avant et la grand-voile, aidé par quelques Papous rassemblés par Olivia. L'ambiance est bonne, tout le monde travaille dans la bonne humeur malgré la chaleur et le rythme soutenu. Romain profite aussi de l'escale pour aller dans les écoles et inviter à bord les jeunes du club de voile afin de les sensibiliser à la protection des océans. L'accueil est extraordinaire, car personne n'est jamais venu ici avec un bateau de ce type. Une fois de plus, ces sessions de sensibilisation lui apportent une grande satisfaction.

Quelques jours plus tard, les lattes réparées et réinstallées, *USE IT AGAIN* est prêt à repartir vers Cape Town. Le 21 mai, il quitte le port, mais, en hissant la grand-voile, les satanées lattes se brisent à nouveau ! Romain n'en croit pas ses yeux : les réparations effectuées par l'Australien sont si fragiles que le simple fait de hisser la voile les a cassées. Sidéré, il n'a pas le choix et revient à la marina pour imaginer une « opération commando » destinée à résoudre le problème. Il décide alors de toutes les couper, pour ne garder que la partie sur la chute, comme une banale grand-voile. Ce n'est pas idéal, mais c'est la seule manière de pouvoir envisager un départ rapide. Il reverra l'ensemble à Cape Town.

Le 23 mai, Romain écrit dans le livre de bord : « *Journée incroyable avec Laurence et Saku, le matin, puis Olivia, Suzanne, Alexandre, Jeanne, Marco, Michael et son fils. Avec un bel esprit d'équipe, on finit de couper, poser, visser les lattes, la GV est installée à 21 h 30. On a bu ensuite une bière tous ensemble au bar du RPYC. En plus, c'était l'anniversaire d'Olivia, c'était tellement sympa ! Je ne sais pas encore si je pars demain ou après-demain matin, je verrai... De toute façon, je serai fatigué, et on n'est jamais sûr des conditions...* »

Le 24 mai, il poursuit : « *Cette fois, j'espère que c'est la bonne. Comme d'habitude, je déteste les départs ! Bel accueil avec des tas de personnes que je n'oublierai pas... Quelle aventure d'être venu ici... Ça part vite ! Trop, d'ailleurs, il va falloir ralentir pour rentrer dans le détroit de Torres de jour. À la sortie de la passe, je suis sous grand-voile haute et grand génois*[1]*, ça file à 20/25 nœuds facilement!»*

Sept mille milles d'océan Indien s'étalent devant ses étraves jusqu'à Cape Town! Prudemment, il longera la côte australienne pour se prémunir des pirates souvent présents dans cette zone, avant de se jeter dans ce vaste océan de solitude qui sépare le continent austral de l'Afrique du Sud.

Le 25 mai, *USE IT AGAIN* double le cap York au nord de l'Australie. Romain écrit: «*Je passe mon 2*^{d} *cap après une magnifique journée de navigation dans le détroit de Torres. Je ne savais pas du tout à quoi m'attendre, c'est pour ça que je préférais le passer de jour. Finalement, je n'ai pas rencontré un navire! Le décor, c'est un mélange d'îles plates de sable blanc au début du détroit, puis de plus en plus hautes et volcaniques vers le cap. C'est beau, je suis bien, à bord. Le bateau avance bien.*»

Romain navigue le plus rapidement possible. Il n'est plus dans l'esprit du record, mais n'a pas l'intention de traîner pour autant, car il sait que le passage du cap de Bonne Espérance risque d'être compliqué s'il arrive trop tard dans la saison. Par ailleurs, il pense à la suite de son programme post tour du monde, soit la prochaine Route du Rhum dont le départ sera donné en novembre prochain de Saint-Malo et pour laquelle il s'est préinscrit. Cela paraît loin, mais le planning risque néanmoins d'être très serré pour préparer parfaitement le bateau à cette course en solitaire et pour récupérer physiquement de son aventure actuelle. Il sent bien que sa fatigue commence à devenir lourde, très lourde, à la fois psychologiquement et physiquement, car ce tour du monde est une sacrée épreuve. Outre

1. Génois: voile d'avant de grande surface.

les émotions et le stress générés par l'accident, les réparations, les recherches de financement, le nouveau départ…, ce bateau est dur. Il semble adapté pour ce parcours, car le plus solide et fiable de la flotte des trimarans de course au large actuels, mais en contrepartie, il s'avère extrêmement physique. N'oublions pas qu'il a été construit en 2003 pour la tentative de record autour du monde d'Ellen MacArthur, avec le souci d'être le plus fiable possible. Les matériaux utilisés pour sa construction et l'échantillonnage de ses pièces sont donc assez lourds et n'ont rien à voir avec les systèmes et pièces en carbone ultra légers des derniers trimarans. Par conséquent, chaque manœuvre sollicite énormément d'énergie. Sans compter que le cockpit pour manœuvrer est très exigu et non protégé. Depuis quelques années, les grands trimarans (Ultim) et même les monocoques du Vendée Globe (IMOCA) sont construits avec des cockpits totalement couverts qui permettent aux marins d'effectuer toutes les manœuvres à l'abri des vagues, du vent, du froid ou de la pluie, ce qui les rend moins énergivores. Romain, pour sa part, lorsqu'il règle ses voiles ou manœuvre, doit enfiler un ciré, voire deux l'un sur l'autre, comme dans le froid glacial du Grand Sud, ainsi qu'un casque de kitesurf avec visière pour se protéger la tête et les yeux quand les conditions de vagues ou de pluie sont trop fortes. Son cockpit n'est pas du tout protégé. Il a été conçu ainsi et ce n'était pas dans la philosophie du projet USE IT AGAIN de procéder à d'importantes modifications. La rénovation du bateau exécutée entre 2016 et 2018 a consisté, pour le principal, en une remise en état à l'identique avec quelques aménagements pour la sécurité et le confort. Romain, qui avait travaillé une saison dans l'équipe d'Ellen MacArthur, à l'époque de son monocoque *Kingfisher*, a gardé le contact avec elle et n'a pas manqué de la tenir au courant des modifications envisagées après avoir récupéré son ancien trimaran en 2016. Il est ensuite passé la voir lors d'une navigation en Angleterre, à l'île de Wight où elle habite désormais et gère sa fondation éponyme, devenue la référence en économie circulaire ! Ce n'est pas un hasard ! Émue, elle a reconnu son bateau, mais a trouvé que les nouveaux aménagements intérieurs faisaient un peu « palace » ! « On est encore loin de l'hôtel quatre étoiles », s'amuse Romain, « mais il est vrai que les quelques modifications intérieures, comme l'ouverture de la cloison entre la table à cartes et la cabine avant ou la peinture blanche sur le carbone, rendent la vie à bord moins austère qu'à l'époque. »

« *C'est long, l'océan Indien* », écrit-il dans son livre de bord, bercé par cette langueur monotone qui lui inspire quelques réflexions humanistes philosophiques, assis inondé de sueur à sa table à cartes.

Contemplant l'horizon qui s'étend devant lui, infini, il pense à cette citation de Christophe Colomb : « *On ne va jamais aussi loin que lorsqu'on ne sait pas où l'on va* ». Il continue : « *Je pense qu'elle est adaptée à mon périple, même si je ne me prends pas pour un explorateur. Elle fait référence à nos vies bien trop cadrées, organisées. Depuis que je suis parti, j'ai l'impression de davantage vivre ma vie chaque jour qui passe. Cette aventure est fabuleuse. Je fais le tour de la planète Terre. Le plus long tour, d'est en ouest. Hier, la Papouasie-Nouvelle-Guinée, aujourd'hui proche du Timor Oriental. Cette nuit, je suis passé à côté d'une plateforme pétrolière, la vie des hommes qui exploitent l'océan. Cet océan qui nous fait respirer, nous apporte aussi l'énergie à notre vie de terriens de plus en plus énergivore. Que ferions-nous sans l'océan ? Nous n'existerions pas ! La Terre est la planète océan !* »

On sent que le bateau avance bien, facilement. On entend avec délice le bruit des vagues qui friselisent le long de la coque.

Pourtant, Romain est toujours anxieux pour le matériel. Il effectue deux rondes quotidiennes pour vérifier tous les points d'usure possibles et effectuer les renforts ou réparations nécessaires. Il dispose de tout le nécessaire pour ces réparations et le bateau ne montre pas de réels points de faiblesse. Cependant, les voiles commencent à être vraiment fatiguées. La grand-voile est patchée à plusieurs endroits, les voiles d'avant commencent également à s'user. Romain sait qu'elles peuvent se déchirer d'un instant à l'autre. Il en est d'autant plus précautionneux dans toutes ses manœuvres, mais demande en parallèle à son équipe de rechercher de nouvelles voiles d'occasion pour la prochaine Route du Rhum, car celles-ci seront impérativement à changer après le tour du monde. La grand-voile date de la Route du Rhum 2018 ; Romain avait fait le choix de ne pas en acheter une neuve avant ce grand tour et il savait que c'était un pari ambitieux. Il avait fait ce choix, car, à la différence des autres voiles, il n'avait pas réussi à en trouver une d'occasion capable d'être adaptée aux dimensions de *USE IT AGAIN*. C'est pourtant une voile essentielle pour le bateau. Déchirée en deux, elle entraînerait l'arrêt de son tour du monde ; c'est la voile de base du bateau, sans elle, rien n'est possible. En constatant son état à l'entrée dans l'océan Indien, Romain est inquiet. En parallèle, il réfléchit avec Aurélie à une prochaine grand-voile qu'ils pourraient commander à la voilerie All Purpose à La Trinité, voilerie qu'ils connaissent bien pour avoir accepté de retailler leurs voiles d'avant d'occasion depuis le début du projet USE IT AGAIN.

Ainsi, la future grand-voile serait la seule voile neuve du trimaran pour les quelques années de navigation à venir, en commençant par la prochaine Route du Rhum. La question qui se pose est celle du tissu. On a le choix entre une voile classique, fabriquée avec 100 % de matières issues du pétrole, ou une plus responsable intégrant 40% de lin. Au premier abord, leur choix se dirige vers la seconde, mais ce choix n'est pas dicté uniquement par la matière. L'impact environnemental de cette voile, comme celui de tous les produits qu'ils choisissent par ailleurs pour *USE IT AGAIN*, est calculé après l'avoir considéré dans son ensemble, c'est-à-dire de sa conception à sa fin de vie, en tenant compte aussi de sa longévité. Or une voile avec 40% de lin est fabriquée comme une voile classique, avec des résines qui empêchent de la recycler en séparant le lin du reste des fibres. D'autre part, le maître-voilier ne dispose d'aucun recul sur la longévité de ce type de voiles qui ne sont que des prototypes et n'assure pas qu'elles puissent être utilisées pendant plus de deux ans avec un programme de courses transatlantiques. À l'inverse, il garantit qu'une grand-voile classique pourra durer quatre à cinq ans sans problème.

Aurélie dresse le bilan de leurs réflexions à ce sujet : « Notre voilier a mis en place depuis quelques années un programme de recherches pour modifier la fabrication des voiles et réussir à fabriquer des voiles en partie à base de fibres naturelles, dont le lin. Malheureusement, ils ne sont pas encore assez avancés pour qu'une voile en partie biosourcée ait moins d'impact à la déconstruction qu'une voile classique, notamment à cause des résines qui empêchent tout recyclage et nuisent aussi à sa durabilité. Pourtant, nous sommes convaincus que c'est l'avenir. Même si nous ne choisirons pas une grand-voile partiellement en lin cette fois-ci, pour des raisons évidentes de durée de vie, j'espère bien que la suivante, dans cinq ans, sera une voile 100 % biosourcée et recyclable. »

Pendant ce temps, en mer, Romain continue ses menues réparations : de nouveau, son hydrogénérateur peine à charger les batteries, mais il réussit finalement à le remettre en état.

Le temps long de cette traversée de l'océan Indien où il ne rencontre ni navires de commerce ni îlots perdus ressemble à une vraie traversée du désert. Il lit des livres et contemple l'océan qui l'entoure, laissant souvent son esprit partir dans des pensées philosophiques. Il écrit :

« *Mon tour du monde d'est en ouest nouvelle version ne serait-il pas à l'image de notre société d'aujourd'hui ? Mettre de côté la performance (le record), car ce n'est peut-être pas un but en soi (toujours plus, valeur de l'argent-roi), mais aller vers une vie plus humaine où les liens sociaux sont plus importants, où la relation avec la nature est forte. Il faut absolument retrouver le lien avec la nature. Personnellement, je me rends compte qu'enfant, je n'ai rien appris de la nature. Il faut sortir d'un apprentissage purement scolaire dans une salle de classe… Finalement, mon tour du monde me permet d'aller à la rencontre des gens, de les sensibiliser, de leur faire prendre conscience de leur rapport à l'océan…* »

Plus loin, il avoue : « *Personnellement, je ne pense pas être un grand compétiteur, j'ai plus envie de vivre une aventure et être en lien avec l'environnement.* »

Après quarante jours de navigation solitaire sans croiser le moindre navire ni rencontrer le moindre signe de vie, il approche enfin de La Réunion et s'apprête à parcourir les derniers 2 000 milles qui le séparent du cap de Bonne Espérance. Mais Christian Dumard lui annonce des conditions très difficiles à la pointe sud de l'Afrique, des tempêtes d'hiver qui bloquent le passage dangereux de ce cap des Aiguilles redouté des marins pour ses courants violents qui lèvent contre le vent tempétueux une mer très forte. C'est l'endroit reconnu de ces fameuses vagues scélérates qui peuvent atteindre 20 mètres de haut, phénomène exceptionnel dû au télescopage des courants chauds longeant l'Afrique avec les courants froids remontant de l'Antarctique. La décision est prise alors de faire escale à l'île de La Réunion qui se trouve pratiquement sur la route du Cap.

Extrait du livre de bord, le 10 juin: «*La météo est trop mauvaise. Je vais m'arrêter à La Réunion. Vent de face jusqu'à 40 nœuds et mer de 6 à 8 mètres... C'est assez clair... Je me suis fixé le but d'arriver le 13 en fin d'après-midi.*»

La météo qui s'améliore enfin lui permet de retrouver son gennaker et de bien avancer avec un meilleur angle, de telle sorte qu'il pénètre le 13 juin «au chausse-pied» dans le minuscule port de Saint-Gilles où il s'amarre entre petits bateaux de pêche et de plaisance. L'accueil des Réunionnais est chaleureux. Il rencontre Pascal, technicien français installé au Cap, contacté par Aurélie pour gérer avec elle l'escale sud-africaine. Disposant de temps libre, Pascal a finalement fait le voyage jusqu'à La Réunion pour aider Romain à bricoler avant de repartir. Pascal s'avère être un compagnon idéal; à eux deux, ils remettent en état les lattes de la grand-voile, réparent l'essentiel et se préparent à reprendre la mer ensemble, en double pour franchir ce cap des Aiguilles où s'enchaînent de violentes tempêtes. Romain étudie chaque jour, à distance avec Christian Dumard, les fichiers météo pour dénicher la meilleure fenêtre possible pour partir. Ce n'est pas simple, car les dépressions se succèdent et les conditions de mer au cap des Aiguilles sont très fortes. Les moments de calme sont rares et difficilement prévisibles à l'avance. Mais le temps passe et la météo ne va pas s'arranger avec l'hiver qui arrive. Le planning de préparation de la Route du Rhum devient de plus en plus serré et Romain commence à douter d'arriver à temps en Bretagne. Il évoque même avec Christian l'idée de remonter par la côte est de l'Afrique pour passer par la mer Rouge et la Méditerranée. Mais, à cause des pirates, la traversée du golfe d'Aden se révèle très périlleuse. Il est fortement recommandé de faire appel à une escorte privée, composée d'anciens militaires français, pour traverser la zone. Le coût est d'environ 50000 euros et, malgré cette escorte, le risque persiste. Romain ne peut donc retenir cette option et a quand même très envie de boucler son tour du monde à l'envers « à la régulière ».

C'est finalement le 21 juin que Romain et Pascal décident de quitter La Réunion avec une météo incertaine, loin d'être idéale pour les jours à venir. Romain imagine avec Christian un plan de repli dans le canal du Mozambique, pour attendre si nécessaire l'ouverture d'un passage praticable. Les voilà partis vers le dernier grand cap de ce tour du monde. Les deux marins ne se connaissent que depuis peu de temps, mais s'entendent vraiment bien. « On discute beaucoup et on rigole bien », commente Romain.

Après quelques jours de navigation, le 25 avril, Romain écrit dans son livre de bord : « *Journée shaker ! C'est un bouillon avec des vagues de toutes tailles, ça claque partout sur les coques, on se fait rincer dès qu'on met le nez dehors ! Le gréement souffre, chaque vague apporte son lot de bruits stridents, aigus. Je suis à l'écoute de chaque bruit pour déceler s'il n'y a rien d'anormal. Je le connais par cœur, mon bateau, et je sens qu'il souffre... On fait le dos rond et on essaie de gagner le plus possible dans l'ouest.* » Les conditions sont difficiles pour avancer vers le cap des Aiguilles, mais l'ambiance reste bonne à bord. Ils discutent beaucoup, bricolent le système de bastaques, la barre d'écoute, l'hydrogénérateur à nouveau. Ils sont en mode course pour rester dans les routages prévus et ne pas tomber dans une zone sans vent. Enfin, et contre toute attente, c'est avec un vent faible, une mer plate et une lumière magnifique que *USE IT AGAIN* franchit, le 29 juin, cet ultime cap tant redouté.

Livre de bord: « *Quel bonheur ! Quelle fierté ! Ça y est, j'ai parcouru tous les océans ! Je suis ému d'arriver là, ce projet est tellement incroyable. Nous apercevons de plus en plus de baleines, c'est incroyable, nous approchons du Cap dans une légère brume, presque évanescente. Je suis heureux de partager ce moment avec Pascal, il est positif et très heureux d'être là. La navigation depuis La Réunion n'a pas été simple ni confortable, mais elle aurait pu être bien pire. Ce qui est certain, c'est que les conditions hivernales ne favorisent pas les prévisions à moyen terme, les systèmes météo changent très rapidement et on a eu finalement beaucoup de chance.* »

Le jour d'après, à la suite de cette navigation d'une dizaine de jours, les deux marins pénètrent enfin, par un temps magnifique, dans la merveilleuse baie du Cap, nichée sous l'imposante montagne de la Table.

De Romain à Titouan, la transmission : du Cap à Lorient

Pour cette dernière escale, Aurélie arrive avec les enfants, dont le futur équipier de Romain, son fils Titouan, et dans ses bagages une nouvelle voile d'avant. Romain l'avait alertée que l'une d'entre elles se délaminait, commençait à se déchirer et qu'il allait devoir la débarquer au Cap. Aurélie a donc récupéré dans leur stock une voile de remplacement pour la remontée de l'Atlantique. Elle s'inquiète ensuite de savoir que faire sur place de la voile débarquée. Pas question de la mettre à la benne ! Comme pour tout le matériel du *USE IT AGAIN*, on réfléchit à sa fin de vie ou à une nouvelle vie. C'est finalement avec Pascal qu'elle trouvera la solution. Il est en contact avec Oliver, un artisan congolais installé au Cap, qui possède avec sa femme une machine à coudre suffisamment puissante pour travailler sur des voiles d'une telle épaisseur. Aurélie raconte : « Nous lui proposons de récupérer cette voile pour tailler des sacs de voyage dedans. Ce n'est pas son métier, mais avec sa femme il accepte le challenge. Avant de lui déposer la voile, nous lui donnons un modèle sans lui imposer de délai et restons à son écoute pour avancer le mieux possible ensemble. » Pour finir, l'artisan et sa femme réussiront à fabriquer de magnifiques sacs de voyage à partir de ce tissu à voile noir souligné de marquages orange, signatures passées des sponsors de *USE IT AGAIN*. Pascal les emportera lors d'un voyage en France pour visiter sa famille et ils seront ensuite offerts aux partenaires et mécènes du projet. Mais la petite histoire ne s'arrête pas là, car, forts de cette première belle expérience, Oliver et sa femme lanceront leur petite entreprise de confection de sacs en voiles de bateaux, achetant trois machines à coudre avec l'argent de la confection des sacs *USE IT AGAIN* et embauchant une autre personne pour travailler avec eux. Une jolie histoire dans l'histoire, qui illustre bien l'efficacité de cette l'économie circulaire promue chaque jour par Romain, sur son bateau ou à terre auprès de ses partenaires, des enfants dans les écoles ou du grand public au départ des courses.

Avec l'aide précieuse de Pascal, Aurélie organise la réparation des lattes et de la grand-voile chez les fournisseurs des yachts présents dans ce grand port d'Afrique du Sud. C'est la première escale où il existe des infrastructures prévues pour un bateau de cette taille, le port d'accueil, les voileries et autres shipchandlers… et c'était la raison de leur choix sur le trajet retour, anticipé par Christian et Aurélie, lorsque le bateau était encore à Ushuaia. Le temps des réparations, Romain essaie de se reposer tout en préparant avec son équipe le retour en Bretagne, la préparation technique du trimaran en vue de la Route du Rhum et des futures navigations avec les sponsors. Ce temps va être assez court et tout doit être anticipé et planifié minutieusement. C'est aussi l'occasion de discuter avec les partenaires en visioconférence et de répondre à leurs attentes en communication. Mais cette escale est aussi, comme chaque fois, l'occasion pour Romain de sensibiliser la population locale. Il propose par conséquent à l'ambassade de France ainsi qu'au club de voile local des sessions de sensibilisation à la protection des océans. Comme à Buenos Aires, il est accompagné de ses deux fils, Titouan et Colas. Lorsqu'il leur reste un peu

Arrivée à Papeete de Romain et Christophe, le 5 avril, après vingt jours de mer.

Titouan nettoie la nurserie de coraux avec l'équipe de Coral Gardeners (Moorea, avril 2022).

Rencontre avec les associations locales polynésiennes. Ici, Jonathan, fondateur de Ninamu Solutions.

Départ de Moorea en solitaire pour Romain, afin de rallier Cape Town en Afrique du Sud (29 avril 2022).

Escale imprévue à Port Moresby, en Papouasie Nouvelle-Guinée. Le pavillon jaune des douanes a été découpé dans son sac de couchage (15 mai 2022).

Réparation d'un génois dans un atelier de bâches de camion, à Port Moresby (19 mai 2022).

Session de sensibilisation à l'économie circulaire et à la protection de l'océan, avec des enfants de Port Moresby (21 mai 2022).

Couture du pavillon jaune, qui avait été découpé dans le sac de couchage pour en faire un pavillon officiel et pouvoir entrer sur le territoire (19 mai 2022).

USE IT AGAIN entre aux forceps dans le port de La Réunion. © Serge Leplege

Passage du cap des Aiguilles avec l'équipier Pascal, venu de Cape Town (29 juin 2022).

Découpe dans une voile de *USE IT AGAIN* par Olivier et Pascal à Cape Town, pour en faire des sacs collector (7 juillet 2022).

Départ de Cape Town avec Titouan, pour La Trinité. © Matt Ashwell/USE IT AGAIN

Message de sensibilisation lors des épisodes de canicule en France (juillet 2022).

Navigation en double ave Titouan (Atlantique sud, juillet 2022).

Gennaker tombé à l'eau, suite à la casse de la drisse (21 juillet 2022).

Titouan saute sur le trampoline de *USE IT AGAIN* (Atlantique nord, juillet 2022).

Titouan, dans les airs, pose un patch de réparation sur la voile d'avant (juillet 2022).

Arrivée de Titouan et Romain, bouclant le tour du monde à l'envers (La Trinité, 9 août 2022), après vingt-cinq jours de mer. © Julien Mignot

Une famille heureuse après le défi accompli. © Matt Ashwell/USE IT AGAIN

Conférence de sensibilisation à l'événement ChangeNOW (avril 2023, Paris, le Grand Palais).

Navigation à bord de *USE IT AGAIN* pour la réalisation d'une vidéo de campagne contre l'exploitation des fonds marins (Romain, la glaciologue Heïdi Sevestre, le biologiste marin Raphaël Seguin, les activistes Anne-Sophie Roux et Camille Étienne), 25 juin 2023.

Visite d'Ellen MacArthur, à Cowes, avant le départ de la course en double Cowes-Dinard, juillet 2023.
© Matt Ashwell/USE IT AGAIN

de temps, la famille Pilliard essaie de profiter de Cape Town et ses environs, des lieux magiques, même en plein hiver austral. Ils partent en voiture découvrir la côte jusqu'au cap de Bonne Espérance, où les vagues impressionnantes viennent déferler sur les plages, dont certaines sont célèbres pour leurs conditions de surf et… leurs requins blancs ! Titouan et Colas, jeunes surfeurs bretons, ne sont pas impressionnés par la taille des vagues, la température de l'eau ou même par la présence potentielle de requins. Ils se mettent à l'eau pour aller surfer le fameux spot de Muizenberg, faisant confiance aux *shark spotters* qui surveillent l'arrivée des squales depuis leur cabane surplombant la plage, afin d'en avertir les surfeurs par un signal sonore. Le site est mythique et la suite de la balade jusqu'au Cap impressionnante, déserte, sauvage, préservée, si ce ne sont des quantités de déchets venus de l'océan. Effectivement, la dune de sable blanc, si belle vue de loin, est en réalité une véritable décharge de micro et nano plastiques ! En parcourant à pied cette dune, le constat est désolant : du plastique partout ! Comme à son habitude dans ces circonstances, la famille Pilliard se lance dans un ramassage des déchets, mais l'ampleur du chantier est déprimante, il y en a vraiment de tous les côtés. Pour continuer à alerter sur la pollution plastique, Colas et Titouan décident de tourner une vidéo pour montrer aux membres de leur association Children for the Ocean ces images choc qui resteront gravées dans leurs mémoires.

Enfin vient le temps de repartir, préparer le bateau, effectuer le dernier avitaillement de ce tour du monde. Cette ultime étape, Romain a proposé à son fils aîné Titouan de la vivre en double avec lui. Une proposition bien réfléchie, mais carrément ambitieuse, car remonter l'Atlantique depuis Cape Town jusqu'en Bretagne, c'est l'équivalent d'une transat aller-retour, soit environ un mois de mer. Titouan navigue depuis tout petit, en Optimist, Open Bic, planche à foils... Il a beaucoup régaté, navigué aussi en croisière familiale, mais a surtout participé aux entraînements sur le trimaran avec son père, deux ans plus tôt, au moment du confinement causé par l'épidémie de COVID. Pendant cette période où le collège était fermé, il a vécu toutes les navigations partenaires à bord du trimaran. Romain sait qu'à seize ans seulement son fils possède un sens marin développé, une motivation sans faille et un tempérament dur au mal. Partager cette ultime étape avec Titouan sera toutefois un challenge, Romain en est conscient, mais il est heureux de l'imaginer et de pouvoir proposer à son fils de réaliser son rêve, soit une navigation au grand large comme en course. Tit' se montre très excité à l'idée de cette navigation, même s'il s'inquiète pour la gestion de son sommeil, car, comme tout adolescent de son âge, il a du mal à imaginer comment tenir ses quarts en dormant très peu. Pour le reste, il fait confiance à son père et rêve de grand large.

15 juillet. Départ du Cap. Romain a proposé à Colas, son fils de 14 ans, mais aussi à Pascal et sa femme, Laetitia, ainsi qu'à quelques amis rencontrés sur place de les accompagner à bord pour quitter le port et hisser la grand-voile. Aurélie est restée à terre avec Jodie, car elle commence à accumuler la fatigue et ne se sent pas bien. En début d'après-midi, Romain et Titouan prennent le large sous un grand ciel bleu et cette lumière magnifique caractéristique de l'hiver austral.

Extrait du livre de bord: «*Belles conditions, calme, soleil. Petit bord avec légère brise. Super ambiance à bord. Début avec Tit très cool. J1 puis gennaker. La mer est formée jusqu'à 4 mètres de creux. Ça remue un peu l'estomac! Titouan dort 12 heures! C'est important qu'il se fasse au rythme en mer et qu'il ne soit pas fatigué, la route est longue...*» Le binôme prend ses marques, Titouan barre un maximum et tient ses quarts afin que Romain puisse réellement se reposer. Les premiers jours au portant leur permettent d'engranger un maximum de milles. Mais les journées passent et ne se ressemblent pas.

Extrait du livre de bord, le 21 juillet : « *Journée qui démarre bien, je laisse Tit se reposer. Il a bien tenu son quart de 22 h à 4 h cette nuit, je pense que c'est le rythme qui lui convient si je le laisse dormir le matin et plus. On a passé Sainte-Hélène vers 6 h du mat', mais on ne voyait rien. On continue, tant pis pour Napoléon ! Je barre, c'est top, on hisse le gennak en fin de matinée, Tit s'est réveillé. Il va barrer. Moi, je vais réparer le bout de descente de l'hydrogénérateur qui a encore lâché, pour la seconde fois en deux jours, bizarre... Et là, alors qu'on est lancé à plus de 25 nœuds, la drisse de gennaker casse ! La voile tombe à l'eau. Elle est immense ! On met trois heures pour la ramener à bord, enlever le câble, le plier. Il est déchiré, inutilisable, mais il était hors de question de laisser quoi que ce soit dans l'eau. Ce sont toujours des manœuvres compliquées, épuisantes et par moment dangereuses de ramener une telle voile à bord, mais c'est notre responsabilité à nous, marins, de ne rien laisser dans l'océan. Tit a été super, belle réactivité ! Il a imaginé un système avec la drisse d'homme*[1] *sur le point d'écoute*[2] *pour le hisser à bord, top. On finit rincés, mais satisfaits de la manœuvre.* »

Le gennaker est mort, mais les marins adaptent la voilure pour continuer à avancer à vive allure. Ils sont toujours dans un mode « course », mais cela ne les empêche pas de rire, profiter des repas pour discuter de tout et de rien, écouter de la musique à fond, dessiner pour Titouan, lire pour Romain quand l'un ou l'autre n'est

1. Drisse d'homme : cordage qui permet de hisser un équipier en tête de mât.
2. Écoute : cordage qui sert à régler une voile. Le point d'écoute est l'endroit de la voile où s'attache l'écoute.

pas de quart. Comme son père, Titouan s'émerveille de la beauté de l'océan. Ils croisent plusieurs fois le sillage de dauphins qui les accompagnent un moment et Titouan, lorsqu'il ne barre pas, aime se caler dans le balcon ou sur la poutre avant pour contempler la mer. Après avoir quitté Cape Town et longé les côtes africaines pour toucher du vent, *USE IT AGAIN* met le cap à l'ouest. C'est alors, loin de toute côte, qu'ils traversent des eaux jonchées de déchets. Des plastiques en tous genres et de toutes tailles flottent en surface, un triste spectacle que Romain avait déjà connu lors de sa descente de l'Atlantique, mais que Titouan n'avait jusqu'ici vu qu'en photos. La pollution plastique des océans est un fléau pour les êtres vivants qui le peuplent et Titouan en était déjà conscient. Il en avait rencontré, des déchets plastiques, sur les rivages bretons lors de nettoyages de plages avec des associations, ou simplement lors de balades en famille lorsqu'ils habitaient en Nouvelle-Zélande, ou récemment en Afrique du Sud autour du cap de Bonne Espérance. Mais une telle quantité en pleine mer, jamais ! Un nouveau choc qui le renforce dans sa volonté de s'engager pour protéger cet océan si maltraité par les hommes.

À la longue, il commence à se lasser du rythme des quarts de nuit et souffre d'un début de mal de mer. Il éprouve le besoin de s'allonger dans sa bannette le temps que ça passe. Son moral est en berne. Voilà bientôt une semaine qu'ils sont partis et la perspective de presque 30 jours de mer devient alors vertigineuse, surtout en se sentant mal en point… Un peu plus tard, le vent revient et la forme aussi !

Extrait du livre de bord, le 23 juillet, 200e jour de l'aventure : *« Belle journée tranquille. On avance bien et plutôt un peu mieux que les routages. On immortalise le record de vitesse en 24 heures, soit 423 milles ! Titouan est heureux, il a retrouvé son grand sourire et sa bonne humeur et se montre très agréable à vivre… »*

Le 24 juillet : « *L'équateur aujourd'hui ! Ce matin, au réveil de Tit, on songe à remplacer la drisse cassée et je l'ai hissé en tête de mât. Il a retiré l'ancienne, mais nous avons renoncé à la remplacer par une autre, car le problème est dans le mât et elle risquerait de se sectionner à nouveau. Tit est à l'aise là-haut, c'est cool. On déjeune, puis on essaie de réparer l'écran de l'ordi ; je galère, ça m'énerve, mais on y arrive. Nous nous rapprochons rapidement de l'équateur à 20 nœuds sur mer plate depuis ce matin. C'est le premier passage de la Ligne pour Tit, on l'immortalise avec photos et vidéos. Tit fait un salto arrière sur le trampoline et retombe de façon très amusante sur le nez ! On rigole bien, on profite de ces super moments partagés.* »

Après le passage de l'équateur, Romain et Titouan vont connaître quelques jours de stress en longeant la Guinée, car c'est une zone infestée de pirates. L'État français recommande d'ailleurs de ne pas s'approcher à moins de 60 milles nautiques de la terre, une distance qui paraît raisonnable, compte tenu du type de bateaux utilisés par les pirates, mais qui n'est qu'une estimation hypothétique de la zone dangereuse. Le vent léger qui règne au large empêche *USE IT AGAIN* de s'éloigner vers l'ouest et l'oblige à longer la côte à moins de 70 milles de distance. Le père et le fils sont attentifs à tout bruit ou lumière suspecte sur l'eau et se forcent à une vigilance de tous les instants. Une fois passée cette zone, c'est un autre type de surprise qui les attend. Ils aperçoivent plusieurs dizaines de bateaux de pêche en activité, non visibles à l'AIS. En s'approchant, ils distinguent des caractères chinois inscrits sur les coques. Il s'agit en réalité de pêcheurs chinois qui travaillent illégalement le long de l'Afrique, n'émettant aucun signal pour ne pas se faire repérer. Il leur faut contourner la zone où ils évoluent et rester extrêmement attentifs à la veille visuelle, surtout la nuit.

Titouan raconte avec une certaine candeur: «C'est ahurissant de croiser cette flotte de pêcheurs illégaux. Comment est-ce possible de laisser ces bateaux vider les fonds marins illégalement? Il paraît que sur chaque bateau se tient une usine pour trier la pêche qui part ensuite avec d'autres bateaux en Chine ou ailleurs pour être vendue. Ils sont aussi ravitaillés en mer pour pouvoir pêcher sur la zone nuit et jour, toute l'année. C'est tellement scandaleux, car tout le monde est au courant! Que font les États pour empêcher cela? Pourquoi n'agissent-ils pas pour les arrêter?»

Titouan est en colère, il découvre un système qu'il ne connaissait pas et en discute longuement avec son père. Ce sujet le touche particulièrement et il promet de tenter, dès qu'il le pourra, de lutter contre ce genre d'actes illégaux qui détruisent les océans et appauvrissent les populations locales.

Les journées défilent, il fait très chaud à bord. Romain essaie de trouver le meilleur compromis de routage entre les zones où le vent est faible et les dépressions qui apportent du vent fort et une mer formée. L'objectif est d'arriver le plus vite possible, surtout en évitant toute casse due à l'usure du matériel en cette fin de tour du monde. D'ailleurs, le 29 juillet, les coutures du point d'écoute de grand-voile sont tellement usées qu'elles lâchent! Romain écrit: «*La GV vieillit, je suis écœuré. En même temps, cela veut dire qu'on arrive réellement en bout de vie de celle-ci et c'est le but. Mais il reste encore quelques centaines de milles, j'espère que cela va le faire, on y est presque! On va être obligés maintenant de garder un ris dans la GV jusqu'à la fin.*»

Malgré cette nouvelle avarie, Romain et Titouan essaient toujours d'avancer le plus vite possible en se donnant l'objectif d'être plus rapides que le routage calculé par leur logiciel. Ils le surveillent régulièrement pour vérifier qu'ils tiennent la cadence afin de le battre.

Pendant ce temps à terre, c'est un été particulier : partout en France les températures sont anormalement chaudes, y compris en Bretagne. Romain échange avec Aurélie qui lui raconte les multiples incendies et cette seconde canicule de l'été qui accable toute l'Europe. Le 2 août, Titouan décide de communiquer sur ses réseaux sociaux avec une photo de lui dans le cockpit, tenant un panneau entre les mains : « Canicule #2... La Terre flambe ! On agit ou on attend ? »

Le sujet du changement climatique et la nécessité pour les humains de diminuer en urgence leur impact sur la nature fait partie de la vie de Titouan depuis son séjour à Shanghai. Il n'avait que 10 ans à l'époque, mais l'extrême pollution quotidienne de l'air dans cette ville au rythme frénétique, où, de jour comme de nuit, on fabrique, on construit des immeubles, on circule, où rien ne s'arrête jamais, avait été un choc ! L'impression de vivre dans un monde qui ne tourne pas rond, qui compte sur des pays comme la Chine pour répondre aux envies de consommation des plus riches, quel qu'en soit le prix à payer pour la planète.

Titouan se souvient de cette année passée en Chine : « *Nous vivions avec des purificateurs d'air dans l'appartement et il nous arrivait souvent de ne pas avoir de récréation ou de sport à cause de la pollution trop importante. On voyait rarement le ciel bleu, il était gris-marron de pollution. Des Chinois nous ont raconté que dans certaines villes il faisait nuit toute la journée tellement la pollution est forte. Nos parents nous ont expliqué que les usines qui fonctionnaient nuit et jour en Chine étaient l'une des principales raisons de cette pollution, mais que ces usines produisaient non seulement pour les Chinois, mais aussi et surtout pour le reste du monde et pour satisfaire notre consommation démesurée. En rentrant en France, l'été suivant, Colas et moi, nous étions attentifs aux étiquettes de l'origine des produits. Quand on a perdu notre ballon sur l'île d'Hoëdic où nous passions nos vacances, on a voulu en acheter un autre, mais tous venaient de Chine et on a laissé tomber. Depuis, on est devenus tous les deux très peu consommateurs et on fait super gaffe à la provenance des produits. On pense aux Chinois qui vivent là-bas.»*

Après cette année en Chine, Titouan et Colas se sont engagés dans une association qui sensibilise les enfants des écoles. Titouan veut aller plus loin dans cet engagement sans savoir encore comment, car il n'a que 16 ans!

Extrait du livre de bord, le 3 août: «*Magnifique journée qui commence au lever du soleil devant l'île de Santa Maria, aux Açores. Lumières incroyables. Je réveille Tit et on partage ces instants pleins d'émotions, car c'est la première terre que l'on aperçoit depuis Cape Town. La brise se lève en arrivant vers Sao Miguel, Tit barre tranquille, c'est un super moment. On arrive sous le vent de l'île, le bateau ralentit en s'approchant et on profite d'un dévent pour sauter à l'eau l'un après l'autre en laissant traîner un long bout derrière. On passe deux heures incroyables, de rigolade... Cette pause nous fait tellement de bien! Un grand moment pour Tit et moi.»*

Les jours suivants sont gris, la mer est désordonnée et le vent capricieux. Parfois, Titouan n'a pas trop le moral, certains jours lui paraissent bien longs. Romain essaie de donner du rythme aux journées en partageant le plus de moments sympas avec lui. Après avoir discuté avec Christian Dumard sur l'itinéraire jusqu'à l'arrivée, ils se donnent le défi d'arriver avant le routage prévu, c'est-à-dire avant le 10 août, soit dans moins d'une semaine. Cette perspective d'arriver et cette compétition contre l'ordinateur motivent à nouveau Titouan, qui se donne à fond à la barre. Jusqu'à présent, le vent est faible, mais la météo prévue pour les 8 et 9 août risque de les contraindre à naviguer dans plus de 30 nœuds au près. Romain décide alors d'envoyer Titouan réparer une voile d'avant, précisément le J1, qui montre des points de fatigue. Le casque de kite vissé sur la tête, attaché à une drisse par son baudrier, Titouan est hissé le long de l'étai une dizaine de mètres au-dessus du pont, tel un funambule, les pieds posés contre la voile, pour coller des patchs de renfort. Bien qu'il soit balancé au rythme des vagues en se cognant un peu partout, il y arrive bien et on dirait même que l'exercice lui plaît. Il n'avait encore jamais connu ce genre de choses, et avoir vécu cette expérience avec succès le ravit.

À quelques heures de l'arrivée, tous deux réalisent que l'aventure touche bientôt à sa fin et l'un et l'autre sont partagés entre le bonheur de retrouver les joies de la terre et le plaisir de rester en mer. Ils explosent les routages sur les dernières 24 heures, se relaient toutes les deux heures à la barre, profitant à fond de ces derniers moments. Ils parlent beaucoup de l'arrivée préparée par l'équipe à terre, avec la hâte de retrouver leurs proches. En arrivant entre l'île de Groix et Lorient, sur la ligne de départ virtuelle que Romain et Alex avaient coupée huit mois auparavant, se trouve Aubin, l'ancien coach de windfoil de Titouan, déjà présent le 4 janvier à leur départ. À bord de son semi-rigide, il annonce par VHF à *USE IT AGAIN* le passage de cette ligne d'arrivée qui marque la fin de ce tour du monde. L'émotion est forte, Romain visualise les moments forts de cette aventure sous forme de flashs ! Il n'avait jamais imaginé franchir cette ligne avec son fils aîné ! Quelle aventure et quelle émotion !

Quelques milles encore à parcourir et c'est vers le milieu de l'après-midi que le père et le fils, bras dessus, bras dessous, sont accueillis dans la baie de Quiberon par les amis et la famille venus à leur rencontre.

Romain résume ainsi cette dernière étape : « Ce retour en mode course avec Tit a été génial. Nous avons mis 25 jours ! On a eu toutes les conditions, pétole et bastons, avec encore des galères d'électronique et de voiles… Tit a été super ! Au début, il flippait pas mal, car auparavant il n'avait jamais passé plus de deux jours en mer. Au bout de cinq ou six jours, il a eu le vertige et l'angoisse du temps et du vide !! Par la suite, il a bien assuré et s'est acquitté de toutes les tâches du bord, y compris les stages dans les hauteurs du mât pour réparer les voiles ou changer les drisses. Un super équipier ! »

Le 8 août, juste avant l'arrivée à La Trinité-sur-Mer, il écrit dans son livre de bord : « *J'ai fait le tour de la planète d'est en ouest, le projet se termine. Nous allons conclure en beauté ! Je sais que j'ai été bien en mer, mais que c'était très difficile. J'ai eu mon lot de galères que l'on a tendance à oublier. Je rentre fatigué et un peu usé, mais tellement fier, heureux, avec le sentiment d'avoir accompli quelque chose de grand que peu de gens ont fait. Le plus important, ce fut le voyage, la manière dont on a su rebondir après l'accident et finalement ce tour du monde magnifiquement orchestré par Aurélie.* »

Et maintenant le constat

Historiquement, mis à part Ellen MacArthur fidèle à ses certitudes depuis son mythique record du tour du monde en solitaire, réalisé en 2005 sur l'ancien *USE IT AGAIN*, les premiers adeptes de l'économie circulaire l'ont été principalement pour des raisons économiques, tout simplement parce qu'ils ne pouvaient pas s'offrir des bateaux neufs. Pour exemple, l'excellent Francis Joyon qui participe avec brio à la Route du Rhum 1990 – il finira 10e – sur un catamaran construit de bric et de broc uniquement avec des éléments de récupération : les deux coques d'*Elf Aquitaine* mises au rebut, l'ancienne poutre arrière de *Roger & Gallet*, ainsi de suite ! Il y avait peut-être une petite conscience écologique pour certains, mais ce n'était certainement pas par conviction d'une économie circulaire, dont personne ne parlait ou presque. Savait-on d'ailleurs de quoi il s'agissait, mis à part une poignée de chercheurs talentueux, visionnaires, mais ignorés ? En vérité, les concepts de l'économie circulaire datent de 1972, issus du rapport du Club de Rome, « Les Limites de la croissance », et on découvre pour la première fois ce terme en 1990 dans l'ouvrage *L'Économie des ressources naturelles et l'environnement*.

Aujourd'hui, les temps changent. Le trimaran *USE IT AGAIN* est amarré paisiblement au port de La Trinité-sur-Mer. Dans l'attente de nouvelles aventures, probablement ce tour du monde à l'envers, en solitaire cette fois-ci, qui trotte toujours dans la tête de Romain. Une manière d'enfoncer encore plus profondément dans l'esprit des marins la nécessité de modifier leurs comportements afin d'adopter l'économie la plus circulaire possible. Aller à contre sens, prendre un cap différent, voilà le message porté par l'engagement de Romain sur *USE IT AGAIN*. Cette philosophie guide le projet depuis son origine en 2016. Actuellement, dans le monde du nautisme, plusieurs navigateurs emblématiques apportent leur soutien à l'initiative de Romain et se penchent sur l'avenir de la course au large et de la plaisance.

À Concarneau, on retrouve, tranquillement amarré sous les murs séculaires de la Ville close, le trimaran Ultim de François Gabart qui s'apprête à partir naviguer autour du monde à la poursuite du Trophée Jules Verne. Ce bateau est un concentré de haute technologie qui affirme le dualisme de son skipper, défenseur avoué d'une économie circulaire, mais adepte de la performance sur la mer, puisque lui-même vainqueur du Vendée Globe et détenteur du record du tour du monde en solitaire depuis 2017. « L'économie circulaire est une nécessité pour sauver notre planète, mais nous en sommes malheureusement bien loin ! » constate François. Il continue : « Cela dit, il n'y a pas selon moi d'antinomie entre la performance, un des critères de la course au large, et l'économie circulaire, car les sponsors peuvent se retrouver dans des projets qui ne sont pas gagnants, mais qui racontent une belle histoire ! » Il cite un exemple parfait avec l'aventure hors norme d'Yves Parlier lors de la 20e édition du Vendée Globe en 2001, lorsqu'il répare sans assistance son mât brisé dans l'océan Indien pour rentrer jusqu'aux Sables-d'Olonne et en définitive réussir à être classé ! Beaucoup se souviennent encore de son incroyable histoire, mais la plupart ignorent quel a été le vainqueur de cette édition ! Romain évoque également cette aventure comme l'aventure de la course au large qui l'a le plus marqué : « Ce qu'a réalisé Yves Parlier à l'époque était inimaginable. Je me souviens avoir suivi, jour après jour, la reconstruction de son mât, sans oser croire qu'il allait réussir à le remettre en place tout seul. Je crois que beaucoup ont admiré la prouesse technique de ce coureur passé au stade d'aventurier quand il a été réduit à manger des algues depuis la Nouvelle-Zélande. Pour avoir beaucoup écouté, discuté, échangé, ces dernières années, sur les raisons qui poussent le public à suivre ces courses au large, c'est bien la dimension humaine qui fascine et pas obligatoirement la technologie de pointe. »

Quant à François, il préfère se montrer optimiste dans l'avenir, même s'il avoue que « notre sport est loin d'être parfait et qu'il faut se remettre en cause » en se questionnant sur la nécessité et l'utilité de la course au large, à une époque où les efforts devraient aboutir en priorité à ce que tout le monde mange à sa faim sur notre planète surpeuplée. « Pour revenir à l'économie circulaire, je doute que notre pas-à-pas actuel soit suffisant dans ce climat d'urgence absolue », dit-il. Ainsi, il réfléchit parfois à des actions révolutionnaires, drastiques, balayant tout ce qui existe dans le monde de la course au large pour partir sur de nouvelles bases où la protection de l'environnement serait intégralement respectée ! Il envisage par exemple un nouveau modèle de compétitions océaniques où le déplacement des équipes serait limité, privilégiant des parcours aller et retour, plutôt que des allers simples comme la Route du Rhum, avec l'obligation d'un retour des bateaux à la voile plutôt qu'en cargo. D'ailleurs, on en parle de plus en plus pour les courses à venir.

On pourrait aussi abandonner progressivement le carbone dans la fabrication des bateaux de course en utilisant le bois ou la fibre de lin. Lui-même, en prévision de son projet de croisière familiale, plutôt que de faire construire un bateau neuf, a préféré acquérir un catamaran d'occasion, en bois, qu'il arme principalement avec des éléments mis au rebut sur son chantier de Mer Concept. Il explique aussi qu'il existe dans son entreprise une étagère où chacun est libre de déposer des objets usagés ou non utilisés et de se servir à l'envi, si l'occasion se présente. D'ailleurs, une solution d'avenir pour enrichir ce processus de réutilisation anti-gaspillage serait d'élargir ce système et de mettre en place une sorte de plateforme partagée entre toutes les équipes de course, accessible à tous, amateurs ou professionnels, qui listerait tous les matériels usagés disponibles en vue d'un prochain réemploi.

François revient sur l'utilité de la quête de performance qui contribue, selon lui, à augmenter la technicité de nos bateaux, avec quelques exemples transposables dans le transport maritime, où l'énergie gratuite du vent peut supplanter les énergies fossiles et le pétrole, grâce aux perfectionnements véliques apportés par la compétition. C'est le projet Vela dans lequel il s'est impliqué avec le cabinet d'architecture navale VPLP, soit imaginer le meilleur bateau de transport entre les États-Unis et l'Europe cent pour cent à la voile, afin de concurrencer les énergies carbonées. Quant aux progrès enregistrés sur les foils[1] grâce à la course au large, l'avantage est de permettre aux bateaux de voler, de consommer ainsi moins d'énergie et de pouvoir utiliser des moteurs électriques comme le catamaran à foils mis

1. Foil: aileron placé sous les coques et permettant au bateau de déjauger, voire de voler.

au point par sa société Mer Concept dès 2021. Il cite aussi les progrès enregistrés sur les voiliers de course concernant les sources d'énergie renouvelable – éolien, solaire et hydrolien –, afin de remplacer le pétrole et les générateurs trop gourmands en poids, grâce à des techniques qui seront appliquées à la plaisance et à notre vie de tous les jours.

Installé lui aussi à Concarneau, le navigateur Roland Jourdain, « Bilou », milite également en faveur de l'économie circulaire et l'abandon du pétrole dans la construction de bateaux performants. Double vainqueur de la Route du Rhum en IMOCA, il a fait construire un catamaran comportant quelques éléments en fibre de lin, afin de participer à l'édition de 2022. Il coupe la ligne d'arrivée à Pointe-à-Pitre en deuxième position de la classe Rhum Multi, démontrant ainsi qu'il est possible d'avancer dans la conception d'un bateau sans faire appel uniquement aux ressources fossiles et de performer.

Avec sa société Kairos et le fonds de dotation Explore – « changer ses comportements pour un monde durable » –, il prône des solutions innovantes et responsables qui débouchent sur une économie circulaire. Il dit : « C'est une nécessité évidente qui n'est pas comprise par tout le monde dans notre milieu qui se cantonne dans le déni ; on ne veut pas la voir ! » Il admet qu'il est compliqué de tourner le dos à la performance et aux succès sportifs pour un compétiteur soutenu par des partenaires. Pour lui, le déclic s'est fait d'une manière un peu incongrue, en 2010, alors que tout allait bien en termes de résultats : « Mais qu'est-ce que je suis en train de laisser dans mon sillage ? » s'est-il demandé en décidant de changer de comportement et de paradigme. Il venait de s'apercevoir que les innovations techniques avaient un prix que les limites planétaires ne pouvaient accepter !

Il raconte qu'au début, chez Explore, lorsqu'il était question de remettre au goût du jour la simplicité et la sobriété dans la construction des bateaux, ils étaient considérés de l'extérieur comme des «baba cool», voire des gauchistes avec leurs initiatives systématiquement dénigrées. «Il y avait des blocages de partout, même en interne, avec toujours de bonnes raisons.» Le fameux R&D (recherche et développement) était devenu RAD (résistance au développement)! Collaborer, troquer, travailler ensemble, les bases de l'économie circulaire telles qu'ils l'imaginaient étaient loin de faire l'unanimité. De plus, commercialement parlant, ils s'étaient aperçus que proposer des bateaux de plaisance différents, plus «sobres», rebutait les vendeurs habitués au toujours plus!

Pour avoir participé à trois reprises au Vendée Globe, Bilou se fait une idée bien précise de ce que devrait être l'avenir de cette course. De son point de vue, les organisateurs et la classe IMOCA ont raté le tournant de l'après 2020, après une course exceptionnelle en termes d'impact médiatique, mais qui avait battu des records de lenteur pour des raisons météorologiques surtout, avec les 80 jours du vainqueur, Yannick Bestaven. Le public avait adoré les scénarios improbables, les sauvetages sensationnels, toutes ces aventures qui avaient jalonné le parcours sans records de vitesse! Mais plutôt que d'abonder dans le sens de l'aventure et changer les règles de l'édition suivante en privilégiant économie circulaire et respect de l'environnement, les décideurs se sont enferrés dans le toujours plus, poussés par la classe IMOCA, favorisant la qualification automatique des bateaux neufs pour l'édition suivante et autorisant aussi l'augmentation de la surface des foils (20% de l'impact carbone), en se contentant d'un «pansement sur une jambe de bois» avec la fameuse «voile verte»! Entre-temps, les études de la société Kairos avaient démontré que le bilan carbone des bateaux du Vendée Globe s'était considérablement aggravé en quelques années: « Un bateau de 2020 était déjà deux fois plus impactant que dix ans avant! » Et cela n'a fait qu'augmenter quatre ans plus tard.

Finalement, à quoi sert la vitesse si ce n'est répondre à un défi inhérent à l'espèce humaine ou contenter une certaine jeunesse? On peut s'interroger avec Loïck Peyron sur sa nécessité dans la course au large. « L'intérêt du public n'est pas plus grand parce que nous allons plus vite », résume-t-il dans une interview. En 2024, dans la première partie du Vendée Globe jusqu'à la longitude du Cap, descente de l'Atlantique où les premiers foilers ont empilé les records de milles parcourus en vingt-quatre heures, il ne s'est rien passé de bien captivant, bien moins que quatre années auparavant! La course était loin d'être passionnante et l'on s'ennuyait à la lecture des banalités, accablantes de monotonie, contenues dans les points presse: pour la énième fois, on nous racontait comment dormir, comment manger, comment faire sa toilette. Les premiers du classement passaient leur temps reclus, secoués comme des pruniers à l'intérieur de leurs IMOCA, « coffres-forts » totalement inconfortables, voire dangereux à vivre, en « serrant les fesses » à cause des vitesses supersoniques, mais pratiquement sans mettre le nez dehors! Les images saisissantes de l'extérieur – il faut en convenir – étaient captées par des caméras fixes déclenchées automatiquement pour certains! « J'ai halluciné quand j'ai entendu Yoann Richomme, à la longitude de l'Australie, dire qu'il n'avait pas mis le nez dehors depuis près d'un océan! » raconte Romain.

On peut s'interroger: « Tout cela fait-il vraiment rêver? » On était finalement plus attentifs à ce que racontaient Violette

Dorange, Louis Duc, Conrad Colman ou le vieux sage Jean Le Cam placés dans la seconde partie du peloton à bord de leurs bateaux à dérives, mais peut-être les uns et les autres plus proches de la vérité et de l'avenir de leur sport.

La véritable performance ne consisterait-elle pas simplement à franchir en premier la ligne d'arrivée, quel que soit le type de bateau utilisé, mais avec une empreinte carbone minimaliste ?

Franck Cammas, croisé un peu plus loin, donne un avis analogue sur le sujet : « Si les futurs bateaux étaient moins performants, moins rapides, fabriqués sans carbone, mais tous identiques, cela ne me gênerait absolument pas de courir dans ces conditions. » Affirmation assez incroyable à entendre venant de la part du « monsieur Performance » de la course au large française. Mais aurait-il été aussi affirmatif lorsqu'il avait vingt ans ? Il faut bien reconnaître que les navigateurs défenseurs d'une économie plus circulaire sont des glorieux anciens, ayant pratiquement tout gagné sur la mer. Romain questionne : « Pourquoi n'ont-ils pas adopté ces principes plus tôt, au début de leur carrière, au lieu de privilégier la performance à tout prix ? » On peut lui rétorquer qu'à leur époque on était moins soucieux des problèmes environnementaux et de la nécessité de réduire la consommation des ressources que nous offre la Terre en baissant le taux de CO_2 général, sans omettre le goût immodéré de la jeunesse pour la vitesse ! Ils avaient aussi la pression croissante de leurs sponsors qui investissaient en priorité pour la performance en visant au moins un podium, sinon la première place ! L'idée de la belle histoire dont parlait Gabart et illustrée par l'aventure d'Yves Parlier n'était pas le premier choix des investisseurs. Romain partage largement cette idée et ajoute : « Finalement, les exploits médiatiques que l'on retient longtemps après sont les histoires de femmes et d'hommes qui ont vécu et partagé des aventures exceptionnelles et non celles des phénix de la vitesse. »

Cammas souligne aussi avec raison l'impact relativement modéré de la construction des bateaux dans le bilan carbone global de la course au large, vingt-cinq pour cent, largement dépassé par l'organisation elle-même des compétitions, avec l'afflux des spectateurs sur les ports de départ et d'arrivée, sans compter la pollution engendrée par la quantité exponentielle de bateaux accompagnateurs. Romain insiste : « C'est une cause pour laquelle tout le monde doit s'engager. Chacun doit faire baisser l'addition. On ne peut pas demander aux organisateurs de s'engager à fournir des efforts pour baisser l'impact de leur événement et laisser les coureurs utiliser autant de carbone qu'ils veulent. Un modèle ne change que si tous ses acteurs avancent dans la même direction. Et, de toute façon, ils sont liés les uns aux autres. »

Mais cette réalité ne doit pas empêcher de poursuivre les efforts de conception, en utilisant par exemple des filières originales comme la réutilisation des rouleaux de tissu de fibre de carbone mis au rebut par Airbus Industrie – car en dessous des standards de l'aviation civile – ou en imposant les voiles biosourcées et le renouvelable comme seule source d'énergie, en responsabilisant les organisateurs de courses et les dirigeants des Classes. Celle des IMOCA a effectué un premier pas timide obligeant une « voile verte » sur chaque bateau inscrit au Vendée Globe ! Cette « voile verte IMOCA » avait été proposée dès 2021, à la demande des skippers Paul Meilhat et Boris Hermann, pour être officialisée en 2023. Elle est obligatoire maintenant parmi les huit voiles embarquées. Cela impose aux maîtres-voiliers le respect de règles strictes concernant l'acquisition des matières premières, les méthodes de fabrication, le mode de transport et la gestion des déchets. Cette initiative est pour l'instant unique dans le monde de la course au large. Mais les principales voileries concernées par le Vendée Globe (North Sails, Incidences et All Purpose) travaillent à ce que ce mouvement s'accélère et s'internationalise. À l'avenir, ce modèle pourrait être adopté par l'ensemble du secteur, y compris celui de la plaisance, car de plus en plus de clients privés sont demandeurs, s'inquiétant (enfin!) de savoir comment un produit est fabriqué et livré à leur bateau.

Romain revient sur l'aspect événementiel de la voile. C'est avec Aurélie une page de leur vie qu'ils ont décidé de tourner, quand ils ont cédé le Tour de Belle-Île, qu'ils avaient créé en 2008, à OC Sport, organisateur de la Route du Rhum. Forts de leur maîtrise de l'organisation de courses, acquise très tôt pour Romain sur le Tour de France à la voile 1995, l'America's Cup 2002 à Auckland et des événements clients avec leur agence EOL, ils étaient soucieux de minimiser l'impact carbone. Dès la première édition en 2008, ils avaient décidé d'employer une scénographie réutilisable chaque année, qui deviendrait leur signature. Et au fil des années, ils ont minimisé son impact, à terre comme en mer, sans omettre l'élément principal inhérent à tout grand événement: le déplacement des participants et des spectateurs. À part suggérer, motiver les gens à prendre le train, organiser du covoiturage, etc., il est difficile de faire plus, concernant ce poste qui plombe le bilan carbone de chaque grande manifestation. Et comme son succès est toujours lié au nombre de participants et à la quantité de spectateurs, c'est un poste insoluble ou tout du moins très difficile à réduire. Devant l'ampleur du problème et les diverses pollutions engendrées par la course au large, certains activistes virulents suggèrent même de la supprimer.

Ce serait trop extrême et une belle erreur, en oubliant que les exploits des navigateurs aventuriers parcourant les océans les plus difficiles sont source de rêves pour les enfants et les plus grands, en leur donnant l'occasion de s'évader du monde virtuel qui les entoure.

L’avenir et les promesses

Aurélie et Romain estiment pour leur part qu’il faut plutôt faire évoluer la course au large vers de nouveaux paradigmes respectueux de notre planète et de l’environnement, tout l’enjeu d’une économie circulaire. Romain aime à rappeler que, dans «économie circulaire», on trouve le mot «économie». Il y a évidemment toute une industrie derrière la course au large et spécialement une source non négligeable d’emplois. Il n’est pas question de «jeter l’eau du bain et le bébé avec», mais de repenser le modèle dans sa globalité. Pour les jeunes générations, la vitesse fait rêver, mais beaucoup sont aussi conscients qu’on ne peut plus faire comme avant. D’autre part, le grand public se rend-il compte de la vitesse des bateaux? Et que signifie-t-elle pour les béotiens du large lorsqu’on transforme les nœuds en kilomètres par heure? En réalité, un Ultim qui vole à 45 nœuds ne va guère plus vite qu’un scooter! L’enjeu technologique qui entraîne la performance et apporte la vitesse est sûrement passionnant, mais extrêmement coûteux pour l’environnement. À l’avenir, n’est-il pas préférable de privilégier l’empreinte carbone de notre sport écologique – on avance grâce au vent – aux dépens de la performance pure et de la vitesse? Pour y arriver, il faudrait imposer la construction plus responsable des bateaux de course et changer les règles du jeu.

Et à ceux qui déclarent que le grand public ne s’intéresserait pas à des courses «plus lentes» sur des bateaux moins

« high-tech », citant l'exemple des tours du monde « low-cost » prônés par l'Australien Don McIntyre, qui végètent dans un parfait anonymat, dû probablement à l'amateurisme de participants pour la plupart inconnus du grand public, on peut leur rétorquer que ce serait certainement différent si ces mêmes bateaux « low-cost » étaient menés par des stars de la voile et qu'ils seraient ainsi plus médiatiques ! Le succès du tour du monde « vintage » de Marie Tabarly à bord du mythique *Pen Duick VI* de son père en est un parfait exemple. Loïk Peyron avait fait le choix de courir la Route du Rhum 2018 sur un petit trimaran jaune, réplique du bateau de Mike Birch, vainqueur de la première édition quarante ans auparavant. À cette occasion, il avait livré une bataille homérique, passionnante à suivre, face à plusieurs concurrents, sans bateaux à foils ou en carbone dernier cri !

Aurélie renchérit : « La Solitaire du Figaro qui se court sur des bateaux lents passionne incontestablement le public chaque été et, finalement, entre un bateau qui avance à 30 nœuds et un autre à 10 nœuds, visuellement, si l'on observe les sillages, ils sont presque semblables. » Romain partage cet avis : « Pour en revenir au Vendée Globe, percevez-vous une différence entre les images envoyées par les bateaux de 2016 et celles de 2024 ? Ce n'est pas sûr, mais à cette époque on voyait la mer et, maintenant, on ne voit que des marins enfermés dans des « carbon cans », véritables boîtes carcérales en carbone. Plus sérieusement, l'impact négatif de la construction de ces bateaux n'a pas servi à mieux faire vivre cette course autour du globe. Ce sont d'infimes nœuds de vitesse qui coûtent très cher sur le bilan carbone d'une équipe. Et, en définitive, cela ne présente guère d'intérêt de savoir si le record de vitesse sur cette course a été battu ou non. Prenez le vainqueur 2021, Yannick Bestaven, il avait mis 6 jours de plus qu'Armel le Cléac'h, vainqueur en 2017.

Les bateaux étaient évidemment plus rapides, mais ce sont les conditions météorologiques qui avaient été défavorables. En 2025, Charlie Dalin a explosé le temps de course de 5 jours. Cela en fait-il un plus beau vainqueur que Yannick Bestaven ? Je n'en suis pas totalement sûr. »

Cette transformation de la course à la voile qui paraît obligatoire leur semble beaucoup trop lente. « Si ça continue comme cela, dans 20 ou 30 ans, on sera à clouer au pilori ! » assène Romain. « Je répète souvent que, si nous avions été dans la situation d'aujourd'hui vis-à-vis de l'évolution climatique, voici une trentaine d'années, nous disposerions d'un temps précieux pour nous adapter et faire des changements. Aujourd'hui, tout va trop vite, les courbes de température s'affolent, la perte de la biodiversité est délirante, nous sommes trop en retard pour pouvoir se suffire des mesurettes proposées par nos politiques. » Très remonté, il explique que leur projet USE IT AGAIN est né pratiquement en même temps que les Accords de Paris de la COP 21. Cette conférence organisée par les Nations unies en décembre 2015 prolongeait les Protocoles de Kyoto de 1997 et alertait une fois encore sur la nécessité vitale de limiter les émissions de gaz à effet de serre afin de freiner le réchauffement climatique. Ces décisions ratifiées pourtant par 196 pays n'ont jamais été vraiment respectées, puisqu'aujourd'hui le réchauffement augmente et que l'on utilise toujours et d'une façon exponentielle les énergies issues du pétrole, du gaz ou du charbon ! Les dix années qui ont suivi ces fameux Accords de Paris ont été les plus chaudes jamais enregistrées ! En 2024, les concentrations atmosphériques de dioxyde de carbone et de méthane, les deux principaux gaz responsables du réchauffement climatique, issus directement des activités humaines, ont augmenté d'une façon gigantesque, entraînant un réchauffement et une acidification de nos océans qui induit une augmentation des catastrophes naturelles, cyclones, inondations, et gigantesques incendies comme celui de Los Angeles début 2025, pourtant en plein hiver, mais avec une terre beaucoup trop sèche.

Malgré les avertissements répétés d'Antonio Guterres (président des Nations unies) ou de Carlo Buontempo, patron de Copernicus (service international chargé du climat) : « L'avenir est entre nos mains ! Une action décisive et rapide peut encore modifier la trajectoire de notre climat futur », nous nous précipitons aveuglément vers un mur ! Et la majorité des coureurs au large, à quelques exceptions près, ne font pas mieux, continuant de construire des bateaux à fort impact carbone, quand ils en ont les moyens, et à déplacer de trop nombreux collaborateurs ou clients vers des villages de départ et d'arrivée toujours plus grands, afin de contenter sponsors, partenaires et spectateurs. Comme dans le reste du grand monde où l'on observe beaucoup de déni et des œillères bien placées, on refuse souvent de se remettre en question et de sortir de sa zone de confort, en se réfugiant derrière des arguments climatosceptiques et un avenir finalement bien lointain... En leur âme et conscience, les coureurs, pour protéger ce qu'ils appellent parfois leur « terrain de jeu », devraient se dire aujourd'hui qu'il faut modifier drastiquement la trajectoire empruntée. Et ce sont les grands noms de la course au large qui pourraient montrer l'exemple et monter au créneau ! »

Aurélie déclare : « Si François Gabart annonce : "Je quitte la course au large pour des raisons écologiques", il sera écouté et tout le monde suivra ! » Romain continue : « Parce qu'il est encore actif dans la course, il serait le meilleur ambassadeur. Moi, j'influence qui je peux, j'avance en ajoutant humblement ma pierre à l'édifice et mon rôle est surtout de sensibiliser en dehors de ce petit milieu. Je pense toutefois avoir donné des idées à quelques acteurs pour s'engager dans cette voie.»

Mais les coureurs se posent-ils la question? En ont-ils envie? Et en sont-ils capables? Charlie Dalin ou Yoann Richomme seraient-ils prêts à franchir le Rubicon à leur retour du Vendée Globe? On ne l'a pas encore entendu depuis qu'ils sont rentrés. Au contraire, ils annoncent déjà un bateau neuf pour la prochaine édition si cela leur est possible. Preuve que faire le tour de la planète ne sensibilise pas tout le monde. À l'arrivée de cette course, la classe IMOCA a publié son «Purpose Report», un manifeste de quarante-sept pages qui détaille ses actions pour mettre en œuvre le changement et préparer l'avenir. Un document intéressant qui a l'avantage d'exister. Toutefois, on peut se demander ce qu'il en est dans la réalité et surtout si ces directives seront tenues par les équipes et les coureurs.

Aurélie et Romain sont convaincus que «pour y arriver, il faudra passer par la contrainte» et que les mesurettes actuelles, les quelques ACV (Analyse du cycle de vie) et les quelques «voiles vertes» proposées par certains sont certes les bienvenues, mais très largement insuffisantes. Il faut se sortir du «step by step» actuel et envisager des mesures fortes et efficaces imposées par des organisateurs et patrons de classe, soutenus par le gouvernement, le ministère des Sports et la fédération, en luttant contre la manipulation de lobbies hyper puissants. Ils insistent sur la nécessité de respecter les obligations que certains organisateurs promettent de mettre en place. C'est-à-dire imposer au public de venir assister aux départs et aux arrivées en prenant le train, comme c'est le cas pour l'épreuve reine de l'ultra trail du Mont-Blanc, l'UTMB, supprimer les vedettes spectateurs qui traversent la Bretagne pour assister à un départ de course, éviter que les villages des ports de départ ressemblent à Disneyland, limiter les courses en aller simple comme la Route du Rhum et, dans ce cas, obliger les bateaux à revenir par la mer, limiter les déplacements des sponsors, des familles et des amis de l'autre côté de l'Atlantique. Autant d'idées contraignantes pour les coureurs et les spectateurs, qui doivent être relayées par des médias responsables, décidés à encourager l'opinion publique à prendre conscience des problèmes environnementaux. Romain renchérit: «Il faut un changement structurel, des impacts mesurables très forts, qui font infléchir la courbe de l'impact de notre sport de façon claire. Tant qu'on n'est pas dans les objectifs des Accords de Paris, le réchauffement climatique ne fera qu'augmenter. Mais cela ne pourra être géré que par une instance forte qui imposera de nouvelles règles du jeu. On va forcément rencontrer des contraintes, alors autant les anticiper. Aujourd'hui, on peut modifier la trajectoire; plus on attend, plus ce sera difficile et un jour la course au large telle qu'elle est aujourd'hui n'existera plus, sous la contrainte des approvisionnements, des interdictions, etc.»

Et la plaisance dans tout cela? Si les coureurs et les équipes qui bénéficient d'une véritable couverture médiatique ne montrent pas la voie, il ne faut pas s'attendre à de véritables avancées dans le monde de la plaisance avec ses cinq millions de pratiquants dans l'Hexagone. Malgré un contexte économique peu favorable – qui touche surtout les classes moyennes –, son évolution est en croissance, avec les plus fortunés qui continuent à commander des bateaux sophistiqués, pour les trois quarts au moteur, entraînant une empreinte carbone catastrophique, l'augmentation de la pollution atmosphérique et de la nuisance sonore, y compris sous-marine, sujet sur lequel Romain s'est impliqué à travers une initiative originale menée en partenariat avec de grands industriels. Certains constructeurs fournissent des efforts en se tournant vers l'électrique et l'hydrogène, mais ce sont des solutions encore trop dispendieuses. Comme tout est une question d'argent, les chantiers ont du mal à remplacer le composite issu du pétrole par des matériaux biosourcés, plus onéreux, en utilisant de la fibre de lin et des résines moins polluantes afin de réduire les impacts environnementaux.

Un autre sujet d'importance, celui de la fin de vie des bateaux est rarement pris en compte par les chantiers, toujours enclins à produire de nouvelles unités à moindre coût. Romain évoque la fameuse REP (Responsabilité élargie du producteur) et se demande à partir de quand le fabricant d'un bateau se sentira responsable de sa fin de vie. Il dit: «Quand on produit un objet, on doit se montrer responsable et suivre le nouveau propriétaire, lorsqu'il y en a un, plutôt que de vendre en une seule fois! Sinon à qui incombe la faute? Le dernier propriétaire doit-il subir seul le coût de la déconstruction et du recyclage? Ici encore, le sujet n'a pas été pris en compte dans son ensemble. Quand on sait qu'un bateau de plaisance a une durée de vie de trente ans en moyenne, il n'est pas surprenant que des milliers de bateaux, pour la plupart construits en polyester et en mauvais état, pourrissent dans les marinas ou en pleine campagne... et pour beaucoup, au fond des océans – le SHOM a comptabilisé aujourd'hui plus de 5000 épaves de la sorte uniquement sur notre littoral –, entraînant de considérables pollutions. La FIN (Fédération des industries nautiques) s'en est alarmée, en 2019, et a mis en place une filière de déconstruction, chargeant l'APER (Association pour une plaisance écoresponsable) de cette mission, soit traiter la déconstruction de plus de 20000 unités d'ici 2025. Malheureusement, cette filière a rencontré des soucis de financement et ses objectifs sont loin d'avoir été atteints. Comme souvent, le problème est pris à l'envers, en oubliant de s'attaquer à la source du mal, c'est-à-dire à la production excessive des chantiers et l'utilisation de matières polluantes.» Il continue: «On doit avancer vers une économie de la fonctionnalité. C'est une question d'éducation que l'on devrait avoir dès le plus jeune âge! En France, la moyenne de temps d'utilisation d'un bateau – voile et moteur confondus – est de quelques heures par an. Arrêtons avec l'envie permanente de vouloir être propriétaire. Des initiatives existent pour faire tourner le parc de bateaux existant (Click and Boat...). Mais, aujourd'hui, la confiance disparaît, on craint pour son bien et on se cantonne dans l'idée exclusive de la propriété. Là encore, les institutions, les politiques et les ports ont un rôle à jouer. Ils ont le pouvoir de faire changer le système, les règles, mais qui en a vraiment envie? On revient toujours au même problème: dans les pays riches, on a du mal à partager.»

Pourtant, l'avenir n'est pas complètement noir. L'architecte naval Vincent Lauriot Prévost évoque l'exemple d'un de ses clients, un multimilliardaire qui se fait construire un maxi trimaran de croisière en respectant les principes de l'économie circulaire. Son futur bateau sera fabriqué en partie avec des matériaux composites biosourcés; et de nombreuses pièces du gréement et d'accastillage[1] seront issus du «re-sourcing»! À ce propos, il faut souligner l'initiative de la Give Box, située à Lorient La Base, au voisinage de la plus importante concentration d'écuries de course au large, qui propose aux équipes de mettre à disposition des autres coureurs ou aux plaisanciers du matériel en bon état dont ils n'ont plus besoin. Un pas important qui permet de faciliter les démarches pour retrouver du matériel, favorise l'économie circulaire et renforce la solidarité entre marins.

1. Accastillage: ensemble des éléments qui équipent un bateau (mousquetons, manilles, poulies...)

Aurélie et Romain évoquent maintenant l’avenir de leur projet, auquel ils associent leur fils aîné, Titouan. Ils vont continuer à naviguer avec leur trimaran *USE IT AGAIN* et poursuivre leurs efforts de sensibilisation à travers conférences et séminaires, en utilisant leur bateau qui démontre concrètement la réalité et l’importance de l’économie circulaire. « C’est comme cela que l’on embarque les gens », poursuit Aurélie. « À bord, le message passe beaucoup mieux et remplace tous les grands discours que l’on peut faire dans les rues en agitant des banderoles ! C’est bien plus marquant pour des gens qui ne se sentent pas concernés de prime abord. »

Sportivement, l’objectif pour Romain est de participer à la prochaine Route du Rhum en 2026 et peut-être de repartir un jour sur ce record du tour du monde à l’envers, cette fois-ci en solitaire, si les conditions sont réunies. Il se dit très à l’aise avec ce projet, après s’être enrichi techniquement et mentalement grâce à l’expérience de sa première tentative. Il connaît dorénavant les limites du réemploi et particulièrement en ce qui concerne les voiles, ce qui alimente sa réflexion sur l’usage et la consommation. Il dit ne pas vouloir prendre trop de risques de ce côté et privilégier la sécurité. « Concernant la grand-voile, contrairement à mon choix précédent, je partirai sans doute avec une neuve, peut-être avec un pourcentage important de fibres naturelles, remplaçant la pétrochimie. Mais, dans ce cas, l’ancienne ne partira pas à la poubelle ; aujourd’hui, je peux encore faire la prochaine Route du Rhum et d’autres courses avec celle-ci. Elle pourra aussi servir à d’autres moments, convoyages, incentives et opérations de presse ! C’est la limite du projet, qui rencontre des enjeux techniques et de sécurité. Je les assume totalement et m’en explique. C’est comme cela qu’on avance ! » Ce sera l’occasion aussi de montrer à tous qu’il est possible de faire autrement : organiser une visioconférence à l'arrivée à Pointe-à-Pitre plutôt que de faire venir des partenaires en avion, prendre le temps de ramener le bateau par la mer et programmer une fête à son retour au port d'attache. Il faut se réinventer, proposer une offre différente à ses partenaires, aux médias, au public, en expliquant la démarche.

L'éducation est la clé du changement urgent de comportement des populations pour un avenir durable, alors que le rapport des scientifiques du GIEC est catégorique. Aurélie et Romain sont bien déterminés à continuer de développer avec USE IT AGAIN l'éducation et la sensibilisation à la préservation de l'océan en lien avec le concept d'économie circulaire. Ils vont multiplier les conférences auprès des entreprises et auprès des enfants en milieu scolaire ainsi que les événements grand public. Chaque intervention sera l'occasion de toucher des jeunes et des moins jeunes, de tout milieu social et de tout niveau d'éducation. Le récit de l'aventure de Romain sur son trimaran reconditionné, sur la Route du Rhum ou autour du monde, fait chaque fois rêver et impressionne par son engagement, son humilité face aux éléments et sa résilience. Les principes de l'économie circulaire et la nécessité de modifier nos comportements de consommation deviennent une conclusion naturelle à ses récits, un moyen universel de faire passer des messages parfois difficiles à entendre. Son trimaran *USE IT AGAIN* et les aventures qu'ils vivent ensemble sont des outils exceptionnels de sensibilisation. Par ailleurs, depuis que Romain a embarqué son fils Titouan pour la fin de son tour du monde, ce dernier est lui-même sollicité par de grands événements comme ChangeNow, à Paris, ou bien des universités pour venir y raconter son expérience. Il se prête au jeu avec plaisir, pour avoir connu de telles sessions de sensibilisation, mais surtout auprès des plus jeunes, avec l’association Children for the Oceans, dont il est l’ambassadeur depuis plusieurs années. Le constat est clair, ses interventions sont un véritable succès auprès de sa génération et Titouan est bien décidé à ne pas s’arrêter là. En 2024, il s’engage dans une ONG internationale, Sustainable Ocean Alliance, dont la mission est d’encourager les jeunes à développer des solutions innovantes afin de restaurer la santé des océans. Au printemps 2024, il est sélectionné pour participer à la conférence internationale Our Ocean à Athènes, où il se rend en prenant le train, le car et le bateau. Il y découvre le monde de l’activisme et est nommé par la suite Hub leader France de Sustainable Ocean Alliance. Cette distinction lui permet d’embarquer une petite équipe de jeunes membres de l’ONG dans une campagne destinée à défendre les aires marines protégées, un sujet qui lui tient à cœur depuis qu’il a croisé des pêcheurs illégaux et autres bateaux-usines lors de sa remontée de l’Atlantique sur le trimaran, avec son père. Il suit aussi de près les actions menées à ce sujet par les scientifiques et défenseurs de l’environnement qu’il a rencontrés pendant une campagne de sensibilisation organisée par son père sur *USE IT AGAIN* en 2020, avec l’activiste pour le climat Camille Étienne et la glaciologue Heidi Sevestre. Il décide alors, à l’automne 2024, de tenter une action de communication pour interpeller les pouvoirs publics et informer le grand public des dangers qui pèsent sur l’océan et ces aires marines protégées, qui en réalité ne le sont pas du tout.

Dans le cadre de Sustainable Ocean Alliance, il a été contacté par l’assistante de la chanteuse islandaise Björk, très engagée pour la protection de la planète, qui sera présente à Paris, à Beaubourg, pour une exposition artistique sur l’océan, et qui souhaite mettre en avant des jeunes qui s’engagent pour la protection de l'océan. Titouan propose à l'artiste un projet de vidéo commune et organise l'enregistrement des images avec deux figures emblématiques de la protection des aires marines protégées à qui il a proposé de participer. La vidéo publiée en collaboration avec l'artiste sur son réseau Instagram est un succès et compte plus de 2 millions de vues. Fort de cette expérience, Titouan réalise qu'il est capable, malgré son jeune âge, de mener des actions significatives pour la protection de l'océan, mais qu'il a besoin de s'entourer d'autres jeunes engagés comme lui. Il décide alors de créer un mouvement pour la sensibilisation des étudiants à la lutte contre le réchauffement climatique, la pollution des océans et l'éco circularité. Son objectif est de créer la plus grande communauté de jeunes engagés, les ambassadeurs USE IT AGAIN for Youth, pour sensibiliser la jeunesse, en France et à l'étranger. Sa personnalité et sa proposition plaisent. Les jeunes, peut-être encore plus que les autres générations, ont besoin de se rassembler pour agir face à un avenir inquiétant de la planète. Se réunir pour partager et agir ensemble pour sensibiliser leurs pairs est une des solutions pour éviter l'éco anxiété. De plus, Titouan a le projet de lier cette communauté à un programme de course au large dans la lignée de celle de *USE IT AGAIN*, en participant à la Route du Rhum 2026 à bord d'un monocoque reconditionné selon les principes de l'économie circulaire. Sa participation à cette course en solitaire médiatique et populaire permettra d'agrandir cette communauté de jeunes et de sensibiliser le plus grand nombre à la protection de l'océan. Il pourra aussi embarquer les ambassadeurs qui le souhaitent dans la préparation du bateau *USE IT AGAIN for YOUTH*, ainsi que dans des navigations et des actions ciblées auxquelles il participera avec ce bateau. Ce projet sportif est réellement engagé et disruptif. Une aubaine pour des partenaires qui souhaitent montrer leur implication dans ces sujets environnementaux et qui voient en Titouan et sa communauté d'ambassadeurs de véritables porte-parole. En février 2025, c'est la société Forvis Mazars, un des acteurs majeurs de l'audit, de la fiscalité et du conseil, qui s'engage la première dans l'aventure, auprès de la fondation qui soutient financièrement les actions de la communauté et aussi la participation du voilier à la course. En devenant sponsor du bateau, l'entreprise permet ainsi à Titouan de devenir le plus jeune skipper de la Route du Rhum avec une participation à l'édition 2026 à seulement 20 ans ! Le début d'une nouvelle belle aventure qui débutera par sa présentation, en avril, au Grand Palais, lors de l'événement international des solutions positives pour la planète, ChangeNow, où il est invité.

Ainsi va la vie de la jolie famille Pilliard ! Mais, en 2024, Aurélie et Romain doivent faire face à un nouveau défi, celui de la maladie. Un cancer extrêmement invasif est détecté chez Aurélie. Pour tenter de la guérir, les médecins lui annoncent une année entière d'un traitement terriblement lourd. Comme toujours, c'est en véritable binôme qu'ils vont se battre contre cette maladie, mettant en pause leurs autres défis, tout en accompagnant leurs enfants dans leurs projets respectifs.

Début 2025, Aurélie est presque sortie d'affaires. Les Pilliard retrouvent le temps et l'énergie pour de nouveaux projets. Toujours à contre-courant, contre vents et marées, souvent décriés, parfois admirés, mais fidèles à leurs convictions pour un monde meilleur anti-gaspillage et plus circulaire. Leurs diplômes universitaires pourraient leur assurer une existence confortable dans quelques entreprises prospères, mais ils vivent à La Trinité-sur-Mer, dans une petite maison du bourg où ils se sentent bien et s'activent en famille pour un avenir plus responsable. Ils prônent le changement de nos modes de consommation, de vie et même de pensée, pour imaginer le plus bel avenir possible sur cette planète. L'économie circulaire est une des clés de ce changement. Les futures aventures de *USE IT AGAIN* et de *USE IT AGAIN for YOUTH* le prouveront.

Rendez-vous est pris au mois de novembre 2026, au départ de la Route du Rhum à Saint-Malo, pour encourager un duo inédit de skippers en solitaire, Romain et son fils Titouan sur la même ligne de départ, mais chacun dans sa catégorie!

Remerciements

Après ce tour du monde à l'envers exceptionnel réalisé en 2022, j'avais dans un coin de ma tête l'envie de partager cette aventure. Car les aventures sont faites pour être partagées. J'étais parti pour un défi sportif et je suis revenu avec une aventure humaine unique, au cours de laquelle j'ai rencontré des gens improbables et attachants.

Ce tour du monde, finalement, a été beaucoup plus fort que le projet d'origine. Certes, il n'a pas eu l'aura médiatique d'un record, mais c'est égal : il m'a apporté énormément dans ma vie de marin, de père et d'homme tout simplement.

C'est ici l'occasion de remercier des gens qui comptent dans la vie de USE IT AGAIN :

– Les fidèles Léa, Jean-Marie et Pierre-Samuel, à nos côtés depuis les années « tour de Belle-Île ».

– Ceux que j'ai rencontrés au fil de l'eau lors du tour du monde et ceux qui nous ont aidés dans l'ombre : Emmanuel Lenain, ambassadeur de France au Brésil, Claudia Scherer-Effosse, ambassadrice de France en Argentine en 2022, l'amiral de la marine argentine Marcelo Tarapow, l'ensemble de l'Armada Argentina à la base d'Ushuaia, Éric et l'équipage du *Vaïhéré*, l'équipage du *Triton* qui m'a remonté le moral quand j'étais seul à Ushuaïa (JB, Alexandre, Marion...), les équipiers du Ponant qui m'ont aidé à désarmer le trimaran, les amis locaux qui ont aidé pour les manutentions (Roxanna, Pavel, Anaël...), les rencontres insolites d'Ushuaia comme celle avec Olivier Goy qui livre un combat magnifique avec courage et détermination.

À Papeete, merci à mes amis Jacques Vincent, Bruno et Benji. À Port Moresby, l'ambassadeur de France, Guillaume Lemoine, qui m'a chaleureusement accueilli, accompagné de son incroyable épouse Olivia de Saint-Luc qui m'a aidé sans compter à réparer ma grand-voile, accompagnée de certains locaux et sympathisants (Sandrine, Bonnie, Saku...).

À La Réunion : merci à mon ami Pascal pour son accueil, à Jérôme, maître du port, qui a tout fait pour faire rentrer *USE IT AGAIN* au chausse-pied dans sa marina, et aux marins locaux qui nous ont aidés pour les manœuvres.

À Cape Town, merci à Pascal et Laetitia qui ont rendu notre escale exceptionnelle, à Matt notre mediaman qui fait un peu partie de la famille désormais.

Merci à tous mes amis ici et là, qui me soutiennent dans mon engagement depuis 2016. Ils ont su trouver les mots justes quand j'étais en difficulté et là, aussi, pour partager les moments de bonheur intense (Fred à L.A., Kello, Laure, Sammy, Tango, Chacha, Stan, mes parents...).

Merci aux partenaires d'un temps, qui ont pu rendre ces projets réalisables.

Merci aux éditions Glénat pour avoir cru dans ce projet de livre.

Enfin, je partage cette aventure *USE IT AGAIN* avec Aurélie, qui est une battante hors pair, qui m'accompagne dans tous nos projets depuis 2000, année de ma première Solitaire du Figaro. Aurélie a beaucoup participé à ce livre et sans elle, « mes » projets n'auraient pas la même saveur. Merci infiniment Aurélie de m'accompagner, m'encourager, me supporter, gérer notre équipe seule quand je suis en mer et t'occuper si admirablement de nos trois magnifiques enfants, Titouan, Colas et Jodie, qui sont peut-être la raison première de notre combat pour un avenir meilleur.

Romain Pilliard

Table des matières

Dans la même collection « Hommes et océans » :

Fabrice Amedeo, *Seul face au large*
Patrick Benoiton, *40 ans de Mini-Transat*
Julie Bourgois, *Sam Davies & Romain Attanasio, l'amour grand large*
Catherine Chabaud, *Parfums de Rhum*
Dominique Charnay, *Moitessier*
Jean-Yves Chauve, *L'Atlantique en eaux troubles*
Jean-Yves Chauve, *Médecin du large, des grandes courses à la croisière*
Éric Cintas, *Damien Seguin, le défi d'une vie*
Guillaume de Monfreid, *Henry de Monfreid, impossible grand-père*
Guillaume de Monfreid, *Vagues, la mer dans tous ses états*
Jacques Ducoin, *Barbe-Noire*
Lamya Essemlali, *Paul Watson, Sea Shepherd, le combat d'une vie*
Karin Huet, *À même la mer*
Gérard Janichon, *Moitessier, dieux et dragons*
Isabelle Joschke, *Traverser, les océans et autres épopées*
Gilles Le Baud, *Je ne danse que sur les vagues*
Olivier Le Carrer, *La Mer expliquée aux terriens*
Olivier Le Carrer, *Le Rêve d'une île*
Raphaëla Le Gouvello, *Hélène André, Guy Saillard, Vent debout*
Chantal Loiselet, *Patrick Deschamps, Démerdez-vous pour être heureux ! Le Bel Espoir du père Jaouen*
Éric Loizeau, *Chavirés*
Éric Loizeau, *Du Cap Horn à l'Everest*
Ellen MacArthur, *Jocelyn Blériot, Les Pieds sur terre*
Susea McGearhart, *Tami Oldham Ashcraft, À la dérive, seule dans le Pacifique*
Farley Mowat, *Mort à la baleine*
Peter Nichols, *Golden Globe*
Sandrine Pierrefeu, *La matelote et les funambules*
Sandrine Pierrefeu, *Partir 66° Nord, Chroniques d'une apprentie capitaine*
France Pinczon du Sel, *Éric Brossier, Circumpolaris*
Pierre Robert de Latour, *Frère des orques*
Claude Villers, *Christian Clères, À bord du France*
Paul Watson, *Urgence ! Si l'océan meurt nous mourrons*
Steven Weinberg, *Passion plongée*

Achevé d’imprimer en Espagne en avril 2025 par Liberduplex S.L.U.,
sur papier provenant de forêts gérées de manière durable.